TI VA DI GIAPPARE?

DAVIDE MOSCATO

PIACERE! IO SONO MACCHA-CHAN! SIETE PRONTI A STUDIARE IL GIAPPONESE IN MODO FACILE E **INTRIGANTE**? INIZIAMO!

LIBRO + canale YouTube... Che pacchia!

Oh! Beh, se hai davanti agli occhi questo libro significa che hai qualche interesse per **il Giappone**, dico bene? In effetti, sembra proprio che negli ultimi anni ci sia stato un vero e proprio *boom* nei confronti della Terra del Sol Levante!

Sarà forse merito della millenaria **cultura giapponese**, che da noi rievoca termini come *geisha, samurai, ninja, katana*... Oppure sarà grazie ai migliaia di **anime, manga** e **videogiochi** che hanno accompagnato la nostra infanzia (e lo fanno tutt'ora!), o sarà forse merito dell'eccezionale **cucina giapponese**, troppe volte ricordata solo per sushi e sashimi... Insomma, qualunque sia il motivo che ti ha fatto venire voglia di studiare la lingua giapponese, l'importante è farlo sempre DIVERTENDOSI.

Ma... studiarla *da autodidatta*!? Credimi, è possibile. Può farcela praticamente chiunque, se si ha il giusto metodo. E qui giunge in tuo aiuto **TI VA DI GIAPPARE?**

Ho raccolto in questo libro tutta la mia esperienza, i miei trucchi e i miei segreti, con l'intento di accompagnarti in questa meravigliosa avventura che è **lo studio della lingua nipponica**. Anch'io, esattamente come te, sono stato un autodidatta, e proprio per questo motivo so bene che è MOLTO (davvero molto) più produttivo studiare con materiale interessante e stimolante, senza bisogno di spaventosi libri o *insegnanti soporiferi*...

In questo libro **NON** troverai frasi innaturali come *"Il mio nome è..."*. Questo libro **NON** è un corso normale, ma è frutto del mio personale metodo di studio che mi ha permesso di superare l'N1 del JLPT studiando da solo, senza insegnanti.

Benvenuti nel mondo di TI VA DI GIAPPARE?

Lo studio di una lingua straniera non deve essere noioso, ma DEVE essere un'avventura che allarga la mente. Questo è **TI VA DI GIAPPARE?**

COME USARE QUESTO LIBRO

Questo libro è stato concepito per rispondere alle esigenze degli studenti autodidatti, quindi puoi utilizzarlo PARTENDO DA ZERO e senza avere un insegnante con te. Avventurandoti tra le **17+1 lezioni** del corso, passerai da non spiccicare una parola fino ad arrivare a un livello che ti permetta di comprendere *manga, anime* e **libri di bassa difficoltà**, ovviamente con l'aiuto di un dizionario. Siccome ritengo che sia più efficace ripetere i concetti attraverso esperienze dirette piuttosto che imparare a memoria, nonostante le lezioni diventino via via più complesse ci ho piazzato qua e là parole e frasi apprese nelle lezioni precedenti, in modo da **non dimenticarle**. Questo è il MIO personale metodo di studio, basato su spiegazioni chiare, esempi utili e divertenti, curiosità ed esercizi.

Ogni lezione partirà con una **SPIEGAZIONE** molto intuitiva, accompagnata da colori, parole in maiuscolo, disegni e schemi che aiuteranno il tuo cervello a *schematizzare* le nozioni per assimilarle meglio. Anche questo fa parte del mio metodo di studio!

Insieme alla spiegazione ci saranno molte **FRASI D'ESEMPIO**, grazie alle quali potrai vedere subito messi in pratica i concetti appena appresi. Ovviamente non saranno frasi da libro di testo, ma vere frasi al 100% naturali, no OGM, vegan-free e senza glutine.

IL PUNTO
Qui sarà scritto il punto **essenziale** della lezione!

Però la cosa essenziale è **ripetere ad alta voce** le frasi d'esempio, senza vergognarsi! In questo modo farai *TUOI* questi concetti!
Dopo la spiegazione sarà il momento del **DIALOGO**, dove potrai vedere in un contesto reale tutte le informazioni imparate nella lezione. Ritengo che sia molto importante rispondere a tutti i *perché*, e quindi ci sarà anche un'**ANALISI** dettagliata del testo.

A tutto questo si aggiungeranno **LE MIGLIORI DOMANDE** che ho ricevuto tra i commenti sotto i video del canale *YouTube*, ma sarà presente in ogni lezione anche una piccola rubrica nella quale spiegherò **L'ORIGINE DEGLI IDEOGRAMMI** con disegni semplici e chiari.
Inoltre, dato che questo libro è rivolto a chi vuole studiare da solo, alla fine di ogni lezione ci sarà una pagina dedicata agli **ESERCIZI**, e potrai verificare le risposte con l'appendice **SOLUZIONI ALLE DOMANDE** in fondo al libro. Allora, cominciamo l'avventura?

QUI INVECE TI DIRÒ UNA CURIOSITA' SUL GIAPPONE, SULLA LINGUA O SULLA CULTURA!

GIAPPONE si dice NI-HON

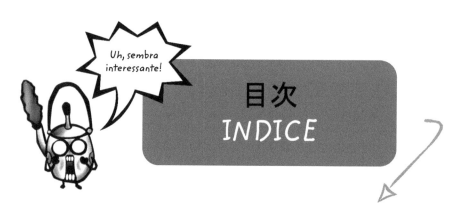

Uh, sembra interessante!

目次
INDICE

Sono questi gli argomenti? COMINCIAMO!

LEZIONE 1
LE PRONUNCE
DEL GIAPPONESE
日本語の発音

Dunque...

Eccoci alla nostra prima lezione! Vediamo per bene le caratteristiche principali della lingua giapponese cominciando dalla sua FONETICA, ovvero come si pronunciano i suoni. Fortunatamente è una lingua facilissima da pronunciare per noi italiani! Tutti pronti?

I SUONI PARTICOLARI

Già! Non esistono i suoni X, L e V in giapponese!

Chiariamoci le idee con una fantastica **tabella** che riassume i suoni a cui bisogna prestare un po' di attenzione:

U → un po' **chiusa**	**B** → una **b** normale	**Z** → come in chie**sa**
S → come in **sa**sso	**SH** → come in **sce**na	**H** → ben **aspirata**
J → come in **gio**co	**W** → come in q**ua**dro	**G** → come in **ghe**tto

Niente di così *spaventoso*, vero? Se fissate questi pochi *(ma buoni)* concetti in testa, per il resto non avrete MAI problemi! Esatto: il giapponese è **facile** da pronunciare! Ne parleremo bene nella prossima lezione, ma vi anticipo che è una lingua con pochissimi suoni. Per esempio, **NON** esistono suoni *complicati* come GL GN V L X ed alcuni altri... Ma ora basta cincischiare. Analizziamo nel dettaglio questa tabella!

IL PUNTO
Il giapponese è una lingua con **pochi** suoni.

LA U

Il giapponese ha suoni molto semplici, quasi *banali*, incluse le **VOCALI**! Praticamente identiche alle nostre:

A I U E O

Attenzione solo alla **U**, che è un po' stretta. Quindi **chiudete leggermente la bocca** mentre la pronunciate! Dunque, provate a dire *EEEE*, mantenete la posizione delle labbra e dite *UUUU*. Ecco la **U stretta**! Come nella parola

UTA canzone

SEN mille

LA S

Il secondo suono a cui bisogna prestare attenzione è la **S** , che è
SORDA, ovvero si pronuncia sempre come in **SACCO**, **SOTTO** e
CASSA. Attenzione che non è mai come in CHIE**S**A o RO**S**A ! Per esempio

Viva l'Italia!
ITA**R**IA BANZAI!

LA J

La lettera **J** si pronuncia sempre come la **G** di **GIOCO**, **GETTO** e **GIA**CCA. Per
favore, non sbiascicatela troppo (come verrebbe naturale...). Un esempio è

FU**JI** SAN — La montagna più alta del Giappone. **Non** è FUJI _YAMA_!

私 significa **IO** ed è composto da una piantina di riso (a
sinistra) e da un braccio che la raccoglie (a destra). L'idea è
"la piantina è **MIA**", e da questo concetto di "MIO/PRIVATO" è
nato l'ideogramma di **IO**. Ci sono due modi di pronunciarlo,
ovvero WATASHI oppure SHI .

L'origine degli **ideogrammi**! Per ora non
preoccupatevene. Nella _LEZIONE 4_ capirete...

L o R? V o B?

Ma ora il pezzo forte: la **L** e la **R** ! La realtà è che la maggior parte dei giapponesi non
riesce proprio a capire la differenza tra questi due suoni. Sono _identici_, per loro... Quindi
entrambe si trascrivono sempre R , però attenzione! Perché la **R** giapponese non è ben
vibrata come la nostra, ma è **più moscia**, come se fosse un mix tra una R e una D.

L	R
NON ESISTE	**MONO-VIBRANTE**
In giapponese non troverete **mai** la L, quindi _"non fale più così, pel favole!"_	Si pronuncia facendo vibrare la lingua UNA sola volta _(tipo R+D)_

COSA!?

RĀMEN — La pasta in brodo in realtà deriva dal cinese LĀMEN!

La stessa sorte spetta anche alla **V** e alla **B**. In questo caso troviamo la **B** in giapponese
(praticamente identica alla nostra) mentre la V non esiste e sarà sempre sostituita dalla B!

V	B
NON ESISTE	**UGUALE ALLA NOSTRA**
Per i giapponesi la **V** si pronuncia come la **B**, e quindi _non esiste_...	Si pronuncia _estamente_ come la nostra B! Yeah, no problem!

Essere chiamati
DA_BIDE_ non è il
massimo...

SHIMA isola

IL SUONO SH

Le sillabe con **SH** , quindi *SHA SHE SHI SHO SHU*, si leggono come la SC di **SCENA**, **SCIOPERO** o **SCIARE**. Facile! Prendiamo per esempio

Per favore, ricordatevi **la U è chiusa!** *Di conseguenza WA e WO si leggeranno con la U appena accennata (e chiusa), tipo υA e υO.*

WAKATTA! Ho capito!

LA W

Qui c'è una buona notizia! Ci sono solamente i suoni **WA** e **WO** , che si pronunciano come in **ACQUA** e **UOVO**. Non si leggono MAI come in **VASO** oppure **CAVOLO**! Prendiamo

Si legge UATASCI e **non** VATASCI! — WATASHI io

IL SUONO CH

Le sillabe con **CH** , ovvero *CHA CHE CHI CHO CHU*, si pronunciano come in **CENA** o **CIMA**. Attenzione che non si leggono KE e KI anche se hanno la H! Per esempio

!

Si legge CIBI e **non** KIBI! — CHIBI piccolino

LA Z

La **Z** è sempre **DOLCE** come la **S** di **ROSA** e **CHIESA**. Non è mai *forte* come in **ZUCCHERO**. Prendiamo l'aggettivo

ZANKOKU crudele

IL PUNTO
CHA CHE CHI
CHO CHU si leggono
*cia ce ci
cio ciu*

LA H

La **H** è sempre **ASPIRATA**, quindi si butta fuori un po' d'aria mentre la si pronuncia! Non è mai *muta* come la nostra parola **HANNO**.

Non NION! NIHON Giappone

LA G

La **G** è sempre **DURA** come in **GATTO** o **MERINGHE**. Ah, anche GI e GE si pronunciano GHI e GHE! Inoltre il suono **G** è leggermente **NASALE**, come una specie di *mix tra una N e una G*... Prendiamo come esempio

GERO vomito Non JERO!

La cultura giapponese è davvero molto attenta all'igiene personale. Infatti nei ristoranti viene sempre **offerta una salviettina** per pulirsi le mani, calda o fresca a seconda della stagione. Una comodità assoluta... Si chiama O-SHIBORI!

FU

Infine il suono **FU** non è secco come in **FUOCO**, ma è più una *HU* così **ASPIRATA** che sembra una **FU**. Provate a dire <u>FUUU</u> mentre soffiate come per spegnere le candeline... Ma attenzione che **la U è chiusa,** quindi non arrotondate troppo la bocca! Per esempio

> Ehilà! Ovviamente la C dura come in PER<u>CH</u>É, CO<u>CC</u>O o FIO<u>CCHI</u> si trascrive con la K! Quindi in giapponese diventeranno PERKÉ, KOKKO e FIOKKI... Insomma, roba da chat ignorante.

> *FUGU* pesce palla

Le vostre domande!

HO VISTO DELLE LINEETTE SOPRA ALCUNE LETTERE... COSA VOGLIONO DIRE?
Se intendi la linea sopra le vocali (ā, ē, ī, ō, ū), è un simbolo usato nel sistema di scrittura <u>RŌMA-JI</u>, *ovvero il giapponese scritto con le nostre lettere (come WATASHI ecc...). In pratica questa lineetta serve a* <u>raddoppiare la lunghezza di una vocale.</u> *Per esempio: in realtà il nome della capitale giapponese si scrive* **TŌKYŌ**, *e di conseguenza si pronuncerà "tookyoo". La stessa parola* **RŌMA-JI** *si legge "rooma-ji". Non sembra, ma questi allungamenti sono mooolto importanti! Guarda:* **KŪSO** *= vuoto / KUSO = m*rda...*

Info EXTRA!

> **JĀ NE!** *(ciao ciao!)*
> si pronuncia giaà ne
>
> **ARIGATŌ** *(grazie)*
> assomiglia ad adìgatoo
>
> **GENKI?** *(come va?)*
> si legge ghènki

IL RŌMA-JI

Bene! Queste erano le pronunce "particolari" del giapponese. In effetti è una lingua davvero facile da pronunciare, e questa è una vera fortuna... Cominciamo bene o sbaglio?
Detto questo, mettiamoci subito in testa che **il giapponese SCRITTO non utilizza i nostri stessi caratteri** (ma che sorpresa...!),

e proprio per questo motivo in passato qualche buon'anima <u>ha dovuto convertire i simboli giapponesi</u> con le lettere che usiamo noi in occidente. Nacque così il RŌMA-JI. Il cosa...? Insomma, le parole giapponesi che abbiamo visto fino ad adesso erano scritte con le <u>NOSTRE</u> lettere, giusto? Ecco, si chiama RŌMA-JI ed è semplicemente **il giapponese trascritto con il nostro sistema** di scrittura. Ma c'è qualche simbolo particolare?

No, a parte le **regolette** di pronuncia che abbiamo visto prima e l'uso della **lineetta** sopra le vocali, che serve ad <u>allungare il suono.</u> Per il resto, tranquilli!

> RŌMA-JI
>
> Roma   carattere
> Letteralmente,
> **CARATTERI ROMANI**

Però dimentichiamoci di usare solo **il RŌMA-JI**, perché è <u>impensabile</u> padroneggiare una lingua senza sapere né leggerla né scriverla! Certo, il RŌMA-JI ci servirà per scrivere in giapponese nelle tastiere di computer e smartphone, ma questa storia la vedremo in un'altra occasione...

Coraggio, dalla prossima lezione cominceremo ad affrontare **la scrittura,** ma adesso vediamo un **DIALOGO** che ci rinfrescherà le idee sulle pronunce!

GIAPPONESE バカ

RŌMA-JI **BAKA**

DIALOGO

In questa primissima lezione abbiamo visto le pronunce un po' *infide* della lingua giapponese, e ora è il momento di **mettere in pratica** quello che abbiamo appreso. Siete carichi? È il momento del **DIALOGO**! Leggetelo ad <u>ALTA VOCE senza preoccuparvi del significato</u>, per ora... Concentratevi sulle **PRONUNCE** che abbiamo visto prima!

はい げんし さま
Hai, Genshi-sama!

Scansiona il QR-CODE e <u>ascolta</u> il dialogo!

ほんとう は おとうさん が
Hontō wa otōsan ga...
ご ぞん じ です か
Gozon-ji desu ka?

はい わ かっています ち ち が
Hai, wakatteimasu. Chichi ga
ふうそく を は かり まし た ね
fūsoku wo hakarimashita ne!

ANALISI del TESTO

Com'è andata? Vi ho segnato in rosso le pronunce da tenere sotto controllo. Una volta capite queste, avrete una **solida base** su cui costruire tutto il resto. Adesso però è il momento di ANALIZZARE nel dettaglio il dialogo di poco fa. Già! Questo libro **non** è il *solito* libro: qui non si lascia NULLA al caso... Quindi, iniziamo con l'analisi dettagliata!

> Ma ditemelo prima che Ō e Ū si possono anche scrivere OU e UU... Ah, la mia testa...

La prima parola che troviamo è HAI, che significa "sì". La cosa essenziale da tenere a mente è che la H è sempre ben aspirata, e quindi HA va pronunciato buttando fuori aria in modo netto. Se per esempio dite **AI**, ovvero senza aspirare la H, il significato non sarà più "sì", ma **"amore"**... *(romanticoni!).*
La seconda pronuncia particolare è la GE di GENSHI-SAMA, semplicemente il nome di questo tizio. Il punto è che GE *(così come GI)* in giapponese va letto in modo DURO, come in **"spaghetti"**. Cioè *GENSHI* sarà promunciato "Ghensci", e NON JENSHI!

L'altra persona risponde con un HONTŌ, che vuol dire "in realtà". Anzitutto bisogna fare attenzione a **HO** *(buttate fuori l'aria!)*, ma occhio anche a TŌ. Ricordate? Il trattino sopra le vocali è un simbolo tipico del **RŌMA-JI**, il giapponese scritto con le nostre lettere. Quando una vocale presenta questo trattino sopra, andrà pronunciata il DOPPIO più lunga! Di conseguenza HONTŌ si leggerà = *"hontoo".*
Ma in verità questa Ō lunga si può anche scrivere OU (quindi HONTOU). Si legge sempre "hontoo", e io personalmente preferisco OU perché è più pratico da scrivere nelle tastiere...
Proseguiamo il dialogo con WA che -mi raccomando- si legge UA e non VA. Inoltre, il suono **U** in giapponese è molto chiuso e perciò *WA* si dovrà pronunciare con la "u" appena accennata, tipo *"uA"*. Ottimo. Fin qui tutto bene!
Ma andiamo avanti. Troviamo OTŌSAN *(papà).* Osservate bene il **trattino** sopra la O... Esatto! Questa parola si legge **"otoosan"**, con la O di TO allungata. Tenete in considerazione che d'ora in avanti io la scriverò OTOUSAN per questioni di praticità.
Ah, date un occhio anche a GA, che è leggermente NASALE, simile a *"nga".*
Continuiamo con GOZON-JI. Il suono ZO non è forte come in ZOCCOLO, ma DOLCE come in **"casolare"**. Ve lo ricordavate? Poi fate attenzione anche a JI, che si legge come in **"agitato"**.
Infine abbiamo DESU *(una parolina che sentirete quadrilioni di volte!).* Il punto è che il SU finale si legge appena appena... Già! Sempre la stessa storia: la U è chiusa. Insomma, DESU si legge con la U così accennata che somiglierà quasi a *"des"*.

Nell'ultima parte del dialogo, troviamo di interessante la parola CHICHI, che non si legge KIKI ma "cìcì". Non fatevi fregare! Poi abbiamo FŪSOKU, con il mitico **TRATTINO** sopra la U. Però possiamo anche scrivere **"fuusoku"** senza problemi *(una comodità!).*
Continuiamo con WO, che dovremo leggere "UO", ma attenzione perchè il suono U è appena percettibile: quindi WO si leggerà in modo molto simile a **"uO"**. Per finire abbiamo HAKARIMASHITA, una parola davvero interessantissima perché contiene: la H aspirata, la RI (che si pronuncia facendo vibrare la lingua sul palato una sola volta, in modo simile a DI), e infine abbiamo SHI, che si legge *"sci"*. Dai, il giapponese è più facile di quello che pensavate!

練習
ESERCIZI

Ah... Ancora uno sforzo...

1 Le **VOCALI** giapponesi si pronunciano come quelle italiane? Ci sono eccezioni?

2 In giapponese la **S** si pronuncia come in CA<u>S</u>A o come in <u>S</u>OTTO? Un esempio?

3 La **V** e la **L** esistono in giapponese? Se non esistono, come si possono esprimere?

4 Trascrivi in giapponese (*in rōma-ji*) le parole: **CASO**, **CIELO**, **GIOVE** e **MAGHI**!

5 Cosa significano in italiano le seguenti parole: **WATASHI**, **ARIGATŌ** e **NIHON**?

6 Che differenza c'è tra **Ō** e **OU**? Come si pronunciano?

7 Che cos'è il **RŌMA-JI**?

LE SOLUZUONI SONO A PAGINA **144**!

Visto? Non era così difficile!

LEZIONE 2
LO HIRAGANA
ひらがな

私物 = UN BENE PERSONALE

IO/PRIVATO   COSA

Una parola che
contiene l'ideogramma
analizzato nella lezione

"Grazie dei tuoi chiarissimi video. Dovresti farne di più a settimana"
Emilio S.

LO HIRAGANA
ひらがな

2

Questa seconda lezione sarà leggermente più intensa per chi non ha mai avuto a che fare con *"quegli strani segni giapponesi"*. Difatti vedremo uno dei due sillabari utilizzati in Giappone: lo HIRAGANA. Ma aspetta... perché <u>sillabario</u> e non alfabeto? *Che cos...!?*

TUTTO A SILLABE

Forse ci avrete già fatto caso, ma i giapponesi quando pronunciano una parola straniera tendono ad aggiungere **O** e **U** a sproposito...

Per esempio, **PASTA** la pronunciano **PA<u>SU</u>TA**. *Ma perché!?* In realtà il motivo è semplice: in giapponese <u>non esiste un "alfabeto"</u> come lo intendiamo noi, dove abbiamo singole lettere (*A, B, C, D...*) che possiamo combinare come ci pare. Il giapponese ha un sistema di scrittura che si basa sulle SILLABE! Molto *precisa*, come lingua... Ecco alcuni esempi:

> Infatti **GAS** loro
> lo dicono **GA<u>SU</u>**...
> Non c'è la **S** da sola!

> Quindi la <u>K</u> da sola
> per loro si dice <u>KU</u>

KA RI SU ME BO TA NI

Vedete? Sempre **VOCALE+CONSONANTE** . *Però occhio!* Le eccezioni sono le **VOCALI** (*a, i, u, e, o*), e la **N**, che possono andare da sole. Tutto <u>il resto è a sillabe</u>, e quindi *SILLABARIO!*

IL PUNTO
Il giapponese è tutto a SILLABE, a parte le vocali e la N

SEGNI MORBIDI

Se date un'occhiata alla tabella qui a destra, noterete che il sillabario **HIRAGANA** ha tratti MORBIDI e tondeggianti. Fidatevi: lo riconoscerete subito nelle frasi giapponesi dato che <u>contrasta molto bene con gli ideogrammi</u>, che solitamente sono molto più complessi e arzigogolati... Provate a osservare per esempio questa frase:

> 昨日、僕は友達と映画を観に行った

Riuscite a distinguere subito i **simboli HIRAGANA**, vero? Insomma, pochi tratti e morbidi.

男 è l'ideogramma di **UOMO/MASCHIO** . Sotto troviamo un braccio con un attrezzo agricolo, quindi la forza-lavoro: 力. Sopra invece abbiamo un campo di riso, ovvero 田. Chi era *la forza dei campi*, che zappava e coltivava? Proprio l'**UOMO**... Si pronuncia **OTOKO** oppure **DAN** .

Ecco la _tabella_ dello HIRAGANA. Basta incrociare una consonante con una vocale! Cioè K+A= KA

Le uniche lettere che possono andare _da sole_ sono le VOCALI e la N

Si scrivono **dall'alto** in basso ↓ e **da sinistra** a destra →

(G) K? (Z) S? (D)T? Girate pagina!

	A	I	U	E	O	
	あ	い	う	え	お	
(G) K	ka か	ki き	ku く	ke け	ko こ	
(Z) S	sa さ	shi し	su す	se せ	so そ	
(D) T	ta た	chi ち	tsu つ	te て	to と	
N	na な	ni に	nu ぬ	ne ね	no の	N ん
(B) (P) H	ha は	hi ひ	fu ふ	he へ	ho ほ	
M	ma ま	mi み	mu む	me め	mo も	
R	ra ら	ri り	ru る	re れ	ro ろ	
Y	ya や		yu ゆ		yo よ	
W	wa わ				wo を	

In _rosso_ sono segnati i suoni "strani". Per esempio, **SI** non esiste e diventa SHI, e anche **TU** non c'è e diventa TSU!

Attenzione!

NE	RE	WA
ね	れ	わ

SCUSA, NON HO BEN CAPITO A COSA SERVE LO HIRAGANA...?

*A essere onesto non mi va di spiegarlo in questa fase dello studio, perché bisognerebbe avere prima una conoscenza generale degli **altri 2 sistemi di scrittura** usati in giapponese: il KATAKANA e i KANJI (ideogrammi). Comparando un sistema con l'altro sarà chiarissimo a cosa servirà lo Hiragana, a cosa servirà il Katakana e a cosa serviranno i Kanji! Comunque, in linea generale lo Hiragana serve per tutto ciò che è GRAMMATICALE in una frase, ovvero **le parti coniugate di verbi e aggettivi, le particelle** ecc... Insomma, lo Hiragana è il vero "scheletro" delle frasi, le fondamenta, ciò che regge tutta la zuppa. Ma il concetto importante da tenere sempre a mente è: HIRAGANA significa PARTI GRAMMATICALI.*

LA SONORIZZAZIONE

Nella tabella della pagina precedente possiamo vedere i suoni cosìdetti PURI. Ma aspetta... perché *"puri"*? Perché in realtà ce ne sono altri, ma una volta imparati quelli nella tabella i restanti

In realtà esiste anche il PALLINO, ma questo può essere messo **solo** sui simboli *hiragana* della **H**, e li fa diventare P. Quindi otteniamo:

ぱ ぴ ぷ ぺ ぽ PA PI PU PE PO

saranno così facili da memorizzare che stenterete a crederci! Il motivo? Basterà semplicemente **aggiungerci 2 TRATTINI**! Mi spiego meglio... Questo fenomeno si chiama SONORIZZAZIONE, e per capire bene come cambia un suono se *"gli aggiungiamo 2 trattini"*, immaginate di dover pronunciare una lettera quando avete il raffreddore:

TAVOLO | DAVOLO   SEDIA | ZEDIA   CAVOLO | GAVOLO

Semplice, vero? Per ottenere questi nuovi *"suoni raffreddati"* basterà aggiungere i **2 TRATTINI in alto a destra** del simbolo che vogliamo sonorizzare. Quindi se sappiamo come si scrive KI, sappiamo anche come si scrive GI! Dunque, i simboli che si possono sonorizzare sono:

ki
き

GI
ぎ

K	G		ka か	ki き	ku く	ke け	ko こ		GA が	GI ぎ	GU ぐ	GE げ	GO ご
H	B		ha は	hi ひ	fu ふ	he へ	ho ほ		BA ば	BI び	BU ぶ	BE べ	BO ぼ
T	D		ta た	chi ち	tsu っ	te て	to と		DA だ	JI ぢ	ZU づ	DE で	DO ど
S	Z		sa さ	shi し	su す	se せ	so そ		ZA ざ	JI じ	ZU づ	ZE ぜ	ZO ぞ

げんき？
Come va?

Etciù

In Giappone sanno leggere e scrivere (quasi) tutti! Infatti il tasso di alfabetizzazione è superiore al **99%**, merito non solo di un efficente sistema scolastico, ma anche dei まんが, praticamente letti da tutta la popolazione senza limiti di età!

I DITTONGHI!?

Benissimo... Suoni **PURI** e suoni **SONORIZZATI**... *Tutto qui?* Ovviamente no! Ci sono anche suoni più complessi che si chiamano **DITTONGHI**. *I cosa?* Prendete come esempio:

PIANO

Le prime 3 lettere suonano *"attaccate"*, non è vero? Ecco, è un **DITTONGO**! Non è *PI-A*, ma è **PYA**! Già, in RŌMA-JI questi suoni vanno trascritti con la Y, ma in hiragana?

E' facilissimo: basterà prendere una sillaba della **RIGA DELLE I** (*ki, gi, hi, bi, pi, mi, ri*) e combinarla con una sillaba della **RIGA DELLE Y**, ma scritta in piccolo!

I+y

| Kya | Kyu | Kyo | Gya | Gyu | Gyo | Hya | Hyu | Hyo | Bya | Byu | Byo |
| きゃ | きゅ | きょ | ぎゃ | ぎゅ | ぎょ | ひゃ | ひゅ | ひょ | びゃ | びゅ | びょ |

| Pya | Pyu | Pyo | Mya | Myu | Myo | Rya | Ryu | Ryo |
| ぴゃ | ぴゅ | ぴょ | みゃ | みゅ | みょ | りゃ | りゅ | りょ |

KI + ya = Kya

Non BIU びう ✗
Non BIYU びゅ ✗

Attenzione però! I dittonghi **SHI+y** e **CHI+y** si trascrivono con la **H** invece che con la Y. Ah, ricordiamoci anche che la versione **SONORIZZATA** di **SHI+y** sarà **JA JU JO**, senza né Y né *H*. Dai, non è difficile. E' più facile a vedersi che a dirsi... Date un occhio qui!

| SHA | SHU | SHO | JA | JU | JO | CHA | CHU | CHO |
| しゃ | しゅ | しょ | じゃ | じゅ | じょ | ちゃ | ちゅ | ちょ |

In fondo è più naturale per noi scrivere **SHO, JO** e **CHO** piuttosto che *SYO, JYO* e *CYO*, no? ⚠

LE DOPPIE e LE LUNGHE

E infine vediamo due caratteristiche dello hiragana! Prendiamo la parola:

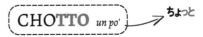

CHOTTO *un po'* → ちょっと

Come vedete *CHOTTO* ha una **DOPPIA T**, e noi per scrivere le doppie mettiamo due lettere uguali di seguito... Ma in hiragana non si può scrivere ちょとと, perché si leggerebbe **CHOTOTO** ✗! In にほんご per le lettere **DOPPIE** basterà mettere un piccolo つ TSU prima della sillaba da raddoppiare (*non dopo, eh!*). Quindi per raddoppiare la **T** di TO = っと TTO.

E come abbiamo detto a *PAGINA 9*, ci sono i **SUONI LUNGHI**, cioè le vocali pronunciate il doppio più a lungo. Per esempio かあ, che si può trascrivere **KĀ** o **KAA**. *Però attenzione a:*

Si può scrivere
Ō →

o u
おう *che si legge* **OO**

e i
えい *che si legge* **EE**

GEISHA si legge
→ G**EE**SHA

DIALOGO

Già... Abituarsi allo **ひらがな** non è così immediato, e **SONORIZZAZIONI**, **DITTONGHI**, **RADDOPPI** e **ALLUNGAMENTI** non ci facilitano di certo il compito... Ma ecco che il vostro せんせい vi ha preparato un bel dialogo ricolmo di spunti interessanti! Ovviamente non dovete preoccuparvi del significato. Per ora abituatevi alla *musicalità* del giapponese!

BO U T TO SHI TE TA   T TE

ぼうっと してた って？

Hai detto che eri sovrappensiero?

LA TRADUZIONE NATURALE!

KYO U   SU ZU KI   SE N SE I

きょう、すずき せんせい

NI   A I TA KA T TA

に あいたかった...

Oggi volevo incontrarmi con il professor Suzuki...

SO RYA   HO N TO U NI

そりゃ ほんとうに

ZA N NE N   JA N

ざんねん じゃん！

Ma è davvero un peccato!

ANALISI del TESTO

Chiarissimo, no? Scherzo! Questo dialogo era sicuramente **un po' complesso**, ma l'importante era riproporvi tutte le caratteristiche che abbiamo visto nella lezione. Allora, sopra ogni ひらがな vi ho segnato la pronuncia in RŌMA-JI, ma cercate il più possibile di NON leggerla! Su su, basta cincischiare... Analizziamo per bene il **DIALOGO**!

Come prima parola troviamo ぼうっと BOUTTO . Quello che ci interessa qui è anzitutto lo hiragana di ほ **HO**, che SONORIZZATO diventa ぼ **BO** (basta aggiungere 2 trattini). Poi segue una う **U**. Ricordate? **La U allunga la O**! Quindi ぼう BOU si leggerà *BOO*.
Poi troviamo っと TTO . Occhio che un **PICCOLO** つ **TSU** raddoppia il suono che lo segue: in questo caso abbiamo と **TO**. Insomma, **ぼうっと BOUTTO** si legge *"bootto"*.
Il dialogo prosegue con してた SHITETA , quindi niente di preoccupante... Infine って TTE , di nuovo un SUONO DOPPIO! Questa volta il PICCOLO つ TSU è prima di て **TE**, ovvero して たって SHITETATTE. Questa frase significa *"Hai detto che eri sovrappensiero?"*, ma quello che ci interessa adesso è fare esercizio di lettura e abituarsi alla **musicalità** del giapponese.

> ず e づ si pronunciano entrambi ZU e じ e ぢ si pronunciano JI, ma il 95% delle volte si usano ず e じ!

L'altra persona risponde con きょう KYOU , che significa "oggi". Come vedete abbiamo un DITTONGO: la sillaba き **KI** con l'aggiunta di una **PICCOLA** よ **YO**, che insieme formano il suono きょ Kyo. Attenzione perché non è né きお KI-O né きよ KI-YO , ma è **KYO**!
Subito dopo troviamo una う U, e quindi... Esatto! **La U allunga la O**: きょう si legge **KYOO**.
Continuiamo con すずき SUZUKI , semplicemente un nome di persona. La cosa interessante è che す **SU** sonorizzato diventa ず **ZU**, ma se siete stati attenti alla tabella dello hiragana avrete notato che anche つ **TSU** sonorizzato si legge づ ZU! Già, sia ず che づ si pronunciano ZU, ma la stragrande maggioranza delle volte si userà ず.
La parola seguente è せんせい SENSEI , che significa "maestro/insegnante". Ormai l'avrete capito, ma siccome qui abbiamo せい **SEI**... Bravi! **La I allunga la E**, e quindi せんせい SENSEI si leggerà **SENSEE**. Ad ogni modo, すずき せんせい SUZUKI SENSEI ovviamente si può tradurre con *"professor Suzuki"*. Facile, no? Direi nessun problema con il に NI che viene dopo.
Il prossimo suono degno di nota lo troviamo nella parola あいたかった AITAKATTA . Niente di così complesso: abbiamo solamente った TTA, ovvero un た **TA** raddoppiato da **un piccolo** つ **TSU**! Vedete? あいたかった AITAKATTA. Comunque sia, il significato di questa frase sarebbe *"Volevo incontrarmi con Suzuki-sensei"*, ma chissene del significato (per ora)!

Infine そりゃ SORYA . C'è da notare il DITTONGO り RI + や YA piccolo = りゃ Rya.
A seguire c'è ほんとうに HONTOU NI , dove troviamo la う U che allunga と **TO**. Quindi ほんとう に HONTOU NI si leggerà *"hontoo ni"*, ma ormai questo lo sapete già! Dai, proseguiamo con ざんねん ZAN-NEN . Qui le cose da adocchiare sono due: anzitutto il suono ざ **ZA**, che si ottiene SONORIZZANDO lo hiragana di さ **SA**. Poi, se ci fate caso, abbiamo んね NNE. Già!
NA NI NU NE NO si raddoppiano con una ん N, dato che questa può andare da sola! Quindi ざんねん ZAN-NEN. Per ultimo troviamo じゃん JAN , dove notiamo che しゃ **SHA** sonorizzato diventa じゃ JA!

> Lo **hiragana** è il primo modo di scrivere che imparano i bambini, e usare solo questo è un po'... infantile, e inoltre sarebbe molto confusionario. Per semplificare servono gli **IDEOGRAMMI**!

練習
ESERCIZI

Spero che la 3 sia più facile...

1 Lo **HIRAGANA** è un sistema di scrittura come il nostro? I suoi tratti come sono?

2 Esiste qualche lettera che può andare **DA SOLA** in hiragana? Se sì, quale?

3 A cosa serve lo **HIRAGANA**, in generale?

4 Come si **SONORIZZA** una sillaba hiragana? E il suono **P** come si scrive?

5 Come si trascrivono in **RŌMA-JI** questi simboli hiragana?

じ（　　） め（　　） ち（　　） ぺ（　　） ぎ（　　）

りゃ（　　） にゅ（　　） ちょ（　　） じゃ（　　） ひゅ（　　）

みゆ（　　） みう（　　） みゅ（　　） みゅう（　　）

ちょっぽきう（　　　　） せっとひょう（　　　　）

よろしくおねがいします（　　　　　　　）

LE SOLUZUONI SONO A PAGINA **144**!

Dai, niente di impossibile!

なるほど
Certo,
capisco

LEZIONE 3
IL KATAKANA
カタカナ

だん せい
男性 = DI SESSO
MASCHILE

MASCHIO   SESSO

"Grazie per queste lezioni! E' grazie a te che sto imparando il giapponese ;)"
Dylan B.

IL KATAKANA
カタカナ

Dovete di nuovo aver pazienza, perché in questa lezione tratteremo il secondo e ultimo sillabario della lingua giapponese: il KATAKANA. Anzitutto, a differenza dello hiragana, i suoi tratti sono <u>rigidi e spigolosi</u>, ma la vera domanda è... a cosa serve *un altro* sillabario!?

TRATTI SPIGOLOSI

Questa volta le cose saranno mooolto più facili, perché i principi del KATAKANA sono <u>identici</u> a quelli dello hiragana: le **VOCALI** e la **N** vanno da sole, si **raddoppia** con un piccolo ツ **TSU**, ci sono le **SONORIZZAZIONI**, la **P** si fa con un *pallino* e ci sono i **DITTONGHI** (I+y).

L'unica cosa <u>NON</u> comune tra i due sillabari è... la forma! Difatti il KATAKANA è abbastanza diverso dal suo *fratello* hiragana, ma tranquilli! Non li confonderete mai.

Se vi ricordate, avevamo detto che lo hiragana ha tratti **morbidi** e tondeggianti. Bene. Il KATAKANA ha invece tratti **DURI** e **SPIGOLOSI** (*impossibile sbagliarsi!*). Guardate per esempio questi simboli che, sebbene <u>si assomiglino molto</u>, sono ben distinguibili:

E questi sono i simboli più SIMILI! Gli altri sono davvero diversi...
Ma perché diamine i giapponesi devono complicarsi la vita così!? *Non gli bastava un sillabario solo? Però, a pensarci bene, anche noi usiamo* <u>DUE</u> *alfabeti diversi... In effetti che cos'hanno in comune* A *e* a, G *e* g, B *e* b ? *Eppure le scriviamo e leggiamo senza mai confonderci! È la stessa cosa: due modi di scrivere* **DIVERSI** *ma* <u>entrambi validi</u>.

A COSA SERVE IL KATAKANA?

E ora la domanda da un miliardo di *yen*... Dunque, avevamo accennato che lo <u>hiragana</u> serve per le parti grammaticali (sarà più chiaro nella prossima lezione), ma il KATAKANA?

La questione è davvero molto semplice: **il KATAKANA serve per scrivere le PAROLE STRANIERE** , ovvero le parole NON giapponesi.

DEBORA si scriverà デボラ *e non* でぼら!

Per esempio il vostro NOME, oppure parole come AMERICA, PASTA, COMPUTER, MENÙ. Insomma, tutte le parole non *"veramente"* giapponesi!

ホット ドッグ
⌐▷ **HOTTO-DOGGU** (hot-dog)

Anche nel katakana K, S, T e H si possono **SONORIZZARE**! E la H può diventare P con il **PALLINO**, eh!

Le uniche lettere che possono andare **da sole** sono le VOCALI e la N ⚠️

*Si scrivono **dall'alto** in basso ↓ e **da sinistra** a destra →*

	A	I	U	E	O
	ア	イ	ウ	エ	オ

		ka	ki	ku	ke	ko
(G)	K	カ	キ	ク	ケ	コ

		sa	shi	su	se	so
(Z)	S	サ	シ	ス	セ	ソ

		ta	chi	tsu	te	to
(D)	T	タ	チ	ツ	テ	ト

		na	ni	nu	ne	no	N
	N	ナ	ニ	ヌ	ネ	ノ	ン

		ha	hi	fu	he	ho
(B) (P)	H	ハ	ヒ	フ	ヘ	ホ

		ma	mi	mu	me	mo
	M	マ	ミ	ム	メ	モ

		ra	ri	ru	re	ro
	R	ラ	リ	ル	レ	ロ

		ya		yu		yo
	Y	ヤ		ユ		ヨ

		wa				wo
	W	ワ				ヲ

Attenzione a シ SHI e a ツ TSU! I trattini di シ SHI puntano a **SCI**nistra ← e quelli di ツ TSU puntano in TSU ↑! Anche ン N e ソ SO fregano un po'...

Attenzione!

SHI	TSU	N	SO
シ	ツ	ン	ソ

ITALIA

ALCUNI SUONI SPECIALI

Già... Con il katakana si scrivono le PAROLE STRANIERE. Ottimo! Però qualche problemino c'è, purtroppo... Ormai abbiamo capito che **la lingua giapponese è POVERA di suoni**, ma non si può certo dire la stessa cosa di tantissime altre lingue! Per esempio in inglese, in tedesco o in italiano ci sono suoni molto più *strani*, come **TH** , **GLI** , **X** ... E proprio per questa necessità di trascrivere suoni stranieri così complessi:

Vediamo sti suoni...

> IL カタカナ HA PIÙ SUONI DELLO ひらがな

GELATO

SHE

Se nello hiragana avevamo i DITTONGHI しゃ SHA, しゅ SHU e しょ SHO, con il KATAKANA possiamo esprimere non solo i *classici* シャ SHA , シュ SHU e ショ SHO , ma anche il suono シェ SHE ! Figo, eh? Visto che facile? Basterà appicciare una piccola エ E dopo il simbolo シ SHI. Come in

→ シェフ SHEFU

> La parola francese **CHEF** in giapponese diventa *SHEFU!*

Questo ideogramma significa DONNA . La sua origine è davvero semplice e non ha bisogno di molte spiegazioni: una simpatica donnina seduta con le mani unite, vestita con un bel kimono dalle maniche lunghe. Si pronuncia ONNA oppure JO . Un ideogramma davvero utile!

FA FI FU FE FO

Se nello hiragana avevamo solamente ふ FU, invece in KATAKANA *(aggiugendo una piccola* **vocale** *a* フ FU) possiamo ottenere:

> Si raddoppia con un piccolo ッ TSU, ma attenzione alle **VOCALI LUNGHE**! Il metodo è diverso... In hiragana avevamo O+U e E+I, però in katakana c'è qualcosa di molto più intuitivo: un TRATTINO. Come in ローマ , ovvero la città di ROMA. Il trattino allunga la O... Quindi non si legge ROMÀ, ma **ROOMA** !

FA	FI	FU	FE	FO
ファ	フィ	フ	フェ	フォ

ファン FAN

> La parola inglese **FAN** in giapponese resta *FAN!*

TI

Il suono TI (*in hiragana c'era solo* ち CHI) si ottiene unendo:

TE   i
テ + イ piccolina

⚠️ Ovviamente se lo SONORIZZIAMO diventa

ディ DI

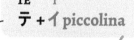
パーティ PAATI

> Yes! La parola inglese **PARTY** si dice PAATI!

LE CONSONANTI DA SOLE

Ok, il KATAKANA ha più suoni... *ma rimane un problema!* Come sappiamo il giapponese è tutto a sillabe (a parte le **VOCALI** e la **N**),

> In hiragana non possiamo dire **TU**, perché c'è solo TSU, giusto? Invece in katakana il suono TU esiste e si scrive トゥ *(TO + u)*. C'è anche ドゥ DU, ovviamente! Come in ドゥオーモ **DU**OMO.

mentre nella maggior parte delle altre lingue abbiamo *CONSONANTI ATTACCATE*, che **non** possono esistere in giapponese! Come in **MAR**C**O** oppure **STR**ADA... Beh, come si fa?

Il trucco è scegliere la RIGA DELLE U **(ku, su, ru, mu...)**, perché la **U** la pronunceremo appena accennata. Quindi, se vogliamo trascrivere in **katakana** le parole di prima:

MARCO →  MA RU KO — マルコ

STRADA →  SU TO RA DA — ストラダ

Perciò avremo **MARUKO**, con la U di **RU** letta in modo quasi impercettibile. Ecco qui una parola straniera *katakanizzata!* Voi ficcateci una **U** e andrà bene...

⚠️ **Attenzione solo alle eccezioni T e D!** In questo caso dovremo usare TO e DO, e pronunceremo la **O** appena. Ecco perché in giapponese il nome *LIGHT* diventa ライト **RAITO**! Ma aspetta un attimo... perché *RAITO* e non **RI**G**U**TO!?

Ho capito...

QUINDI SI POSSONO SCRIVERE HIRAGANA E KATAKANA INSIEME?
Certamente! Hiragana, katakana e KANJI (che vedremo nella prossima lezione), convivono pacificamente, ognuno con il suo scopo. Ovvero: avremo in una stessa frase lo HIRAGANA per le parti grammaticali, il KATAKANA per le parole straniere e i KANJI per... sorpresona!

IL PUNTO
Le parole in katakana si scrivono come si pronunciano nella lingua "originale"

COME SI PRONUNCIA

Le parole inglesi (e non solo) non si pronunciano sempre come si scrivono... Per esempio **TO NIGHT** si legge *"tu nait"* e **BUTTER** assomiglia a *"bata"*. Ecco... Quando gli stranieri IMPORTARONO nuove parole in Giappone, i giapponesi le trascrissero esattamente come il loro orecchio *(povero di suoni)* le sentiva! Quindi *BUTTER* divenne バター **BATAA**!

Perché è questo il concetto importante: le parole straniere **si scrivono in katakana SEMPRE come si pronunciano!** Come se noi la parola **BOOK** la scrivessimo sempre *"buc"*...

Ecco perché **CHEF** si scrive *"shefu"*, **PARTY** diventa *"paati"* ecc... Ovviamente bisogna adattare il tutto alla fonetica "povera" del giapponese. Ok? Ma ora un bel DIALOGO!

Si vedono spesso i giapponesi con indosso una MASCHERINA (in giapponese マスク), ma non c'entra niente con lo smog! Infatti in Giappone c'è la cultura di indossare una mascherina **quando si è raffreddati o influenzati**, proprio per non contagiare gli altri.

SSHHH...

DIALOGO

Mi raccomando, prima di imparare il **KATAKANA** bisognerebbe saper leggere e scrivere <u>bene</u> lo hiragana! Come abbiamo visto, tra questi due metodi di scrittura non ne esiste uno *"più importante"*, e sono **entrambi validi** (ognuno con il suo scopo). Ma ora vediamo questa loro CONVIVENZA in un dialogo tra due amici che stanno parlando di viaggi... *Pronti?*

A N DO RE A DO KO
アンドレア、どこ？

E tu, Andrea? Dove?

RO N DO N   E DI N BA RA
ロンドン、エディンバラ、

PA RI TO KA   CHE CHI I RI A
パリとか... チェチーリア？

Londra, Edimburgo, Parigi ecc... E tu, Cecilia?

VE NE TSI A TO
ヴェネツィアと

BO RO O NYA DA KE
ボローニャだけ！

Solamente Venezia e Bologna!

ANALISI del TESTO

Ormai vi siete abituati a leggere in giapponese, eh? Avete visto come HIRAGANA e KATAKANA **collaborano insieme** per comporre le frasi? Ripetiamolo un'altra volta: lo hiragana *(morbido)* verrà usato per le PARTI GRAMMATICALI, mentre il katakana *(più spigoloso)* per le PAROLE STRANIERE. E ora analizziamo il dialogo! Un bel respiro e... *Via!*

Iniziamo con アンドレア ANDOREA , la versione *katakanizzata* di "Andrea". Un **nome** di persona NON giapponese, e per questo motivo si scrive in KATAKANA. Però dobbiamo adeguare questa parola alla fonetica nipponica... Qui c'è il problema del suono DR di **ANDREA**, che in giapponese non esiste! Se vi ricordate, la **D** dovrà essere rimpiazzata dalla sillaba DO *(con la O che si pronuncerà appena)*. Quindi AN D REA = アンドレア AN DO REA.
La parola seguente è どこ DOKO , che significa "dove?". È un *INTERROGATIVO* e di fatto possiamo dire che sia una parte grammaticale della frase, e quindi... Esatto! Andrà scritto in HIRAGANA! Notate la spigolosità di アンドレア e la morbidezza di どこ . Ovvero, la frase sarebbe "**ANDREA, DOVE?**" ma si traduce con "*(E tu)* **ANDREA? DOVE** *(sei stato?)*".

*Per esempio: "pane" si dice パン PAN e non ブレッド BUREDDO (bread) perché furono i **portoghesi** a importare il "pane" in Giappone!*

La risposta di Andrea inizia con ロンドン RONDON . Forse l'avrete già capito, ma *RONDON* è la versione *giapponesizzata* di "London", il nome originale di **Londra**. È questo il punto! "Londra" è il nome italiano, e di conseguenza in giapponese la capitale britannica non si chiamerà di certo ロンドラ RONDORA, ma ovviamente si dirà **come si dice in LINGUA ORIGINALE**, cioè, *come è stato importato il nome in Giappone! **LONDON** = ロンドン RONDON.*
Andrea poi continua con エディンバラ EDINBARA , che sarebbe "Edimburgo". In katakana le parole vanno scritte così come si pronunciano nella lingua originale, e gli scozzesi *(per l'appunto)* il nome della loro capitale lo leggono in modo simile a "**Edinbara**", sebbene si scriva "Edinburgh". Ah! Da notare il ディ DI, composto da una デ DE + una piccola ィ I !
La prossima città è パリ PARI . Ovvero? Tenetevi forte... Stiamo parlando di "Parigi", perché in **FRANCESE** *(quindi in lingua originale)* si scrive "Paris" ma si legge "**Parì**"! Quindi in katakana dovremo trascriverla come si pronuncia e MAI come si scrive. Tutto bene fin qui?
Proseguiamo con とか TOKA , una parola GRAMMATICALE che si può tradurre con "eccetera". È una **parte grammaticale** della frase, e quindi si scriverà in HIRAGANA, eh!
Infine troviamo チェチーリア CHECHIIRIA , che sarebbe "Cecilia". Avete notato il DITTONGO チ CHI combinato con una ェ E piccolina ? Già! Possiamo ottenere il suono チェ CHE.

Non riescono proprio a pronunciare la V... Leggeranno comunque B!

E così Cecilia replica con ヴェネツィア VENETSIA , chiaramente "Venezia". Potrebbe scriversi anche ベネツィア BENETSIA, ma in realtà la **V** esiste in katakana! È facilissimo: basta SONORIZZARE con **due trattini** la ウ U, aggiungerci una **VOCALE piccolina** ed ecco ottenuti i suoni ヴァ VA ヴェ VE ヴィ VI ヴォ VO . Però i giapponesi li leggeranno lo stesso **BA BE BI BO**... Piuttosto, avete notato ツィ TSI? Figo, eh? ツ TSU + **una piccola** ィ I. Cioè avremo ツァ TSA ツェ TSE ツィ TSI ツォ TSO . Bene! La prossima parola è と TO , ovvero la congiunzione "e". Abbiamo poi ボローニャ BOROONYA e infine l'avverbio だけ DAKE , che vuol dire "solo". Cioè "*Solo Venezia e Bologna*"!

ボローニャ *ha il trattino in modo che si legga* "**Bologna**". *Se fosse* ボロニャ *si leggerebbe* "**Bolognà**"!

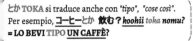

とか TOKA *si traduce anche con "tipo", "cose così".*
Per esempio, コーヒーとか 飲む? *koohii toka nomu?*
= **LO BEVI** TIPO **UN CAFFÈ?**

練習
ESERCIZI

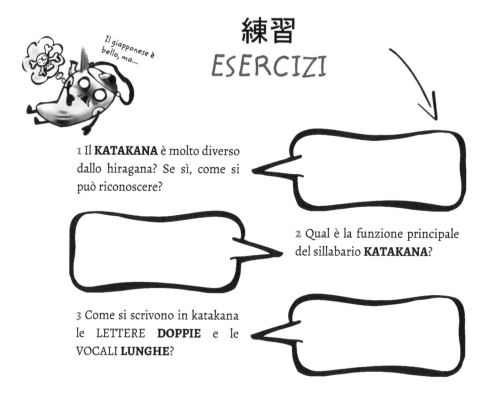

Il giapponese è bello, ma...

1 Il **KATAKANA** è molto diverso dallo hiragana? Se sì, come si può riconoscere?

2 Qual è la funzione principale del sillabario **KATAKANA**?

3 Come si scrivono in katakana le LETTERE **DOPPIE** e le VOCALI **LUNGHE**?

4 Completa il CRUCIVERBA utilizzando **solo il katakana**, trascrivendo le parole date nelle definizioni. Ricorda che i DITTONGHI come リャ **RYA** valgono come <u>una</u> sola casella!

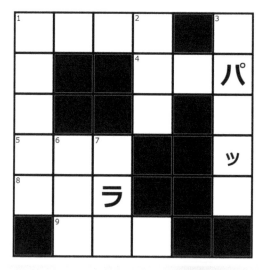

ORIZZONTALI
1 AMERICA in katakana
4 Oryupa!?
5 Il pomodoro della varietà KUMATO
8 Famoso teatro milanese
9 OIL, ovvero "olio"

VERTICALI
1 ALEX in giapponese
2 CAOS in katakana?
3 Una pasta lunga...
6 La regione di MAKAO
7 Il verbo inglese TRY?

LE SOLUZUONI SONO A PAGINA **144**!

Sta lezione mi è piaciuta!

LEZIONE 4
I KANJI
漢字

女権 = I DIRITTI DELLE DONNE

じょ けん

DONNA

DIRITTO

"Davvero bravo, spieghi in maniera eccezionale complimenti"
Alessandro P.

I KANJI
漢字

Ci siamo...

4

E finalmente eccoci all'ultima lezione per quanto riguarda i sistemi di scrittura giapponesi! Abbiamo visto i due sillabari *KANA* (hiragana e katakana) e ora è il turno del sistema più intrigante: gli IDEOGRAMMI (in giapponese <u>KANJI</u>). Pronti? Si comincia!

DISEGNI CON SIGNIFICATO

Circa 5 mila anni fa, **in Cina** fu ideato un sistema di scrittura molto simile a quello **egiziano**, ovvero osservavano *(per esempio)* un **ALBERO** e lo ricopiavano abbastanza fedelmente, via via <u>semplificando i tratti</u> fino a renderli veloci da scrivere.

Quindi quello *scarabocchio* a forma di albero significava proprio **ALBERO**, e ovviamente aveva una sua **PRONUNCIA** (come si diceva *"albero"* in cinese a quei tempi). Ecco il punto fondamentale! Questo è <u>il grande potere</u> dei KANJI! Difatti in italiano si chiamano:

CONCETTO ⟸ (IDEOGRAMMI) ⟹ DISEGNO

Capito!

Perché sono segni **ideografici**, ovvero **DISEGNI** che esprimono un **CONCETTO**. Cioè, magari io <u>non</u> ho idea di come si dica *"albero"* in cinese, ma se vedo 木 so che significa **ALBERO** (anche se non so come si pronuncia!) ⚠

DALLA CINA AL GIAPPONE

Anni e anni dopo, per motivi religiosi questi IDEOGRAMMI CINESI **arrivarono fino in Giappone**... e qui nasce il problema: in Giappone <u>non</u> esisteva un sistema di scrittura!

Immaginiamo arrivare il cinese con la sua tavoletta con inciso l'ideogramma di **MONTAGNA**: 山. Spiega al giapponese che il simbolo 山 si legge "shān", un suono cinese *mooolto* complicato... E il giapponese dice "Ah, è una **MONTAGNA**! Qui si dice <u>YAMA</u>!".

YAMA ⟸ 山 ⟹ SAN
lettura giapponese   *lettura cinese*   KI ⟸ 木 ⟹ MOKU

Il cinese ripete "No. Si legge **SHĀN**!", e il giapponese risponde "Ok... Facciamo <u>SAN</u> e non se ne parla più". Quindi SAN divenne "la pronuncia arrivata dalla Cina", ovviamente <u>storpiata</u>.

Cosa!? I kanji hanno **DUE** letture!? Andiamo bene...

DUE PRONUNCE!?

Ok, con il kanji di **MONTAGNA** arrivò anche la sua pronuncia di origine cinese <u>SAN</u>, ma... la parola *"montagna"* esisteva già nel giapponese parlato: <u>YAMA</u>. E così al simbolo 山 vennero attribuite <u>DUE pronunce</u>: **YAMA** e **SAN**! Per questo motivo i kanji hanno:

| **UN SIGNIFICATO** *deducibile dal* **disegno** | **UNA LETTURA** "KUN" *giapponese* | **UNA LETTURA** "ON" *cinese storpiato* |

Questo kanji vuol dire ACQUA e l'origine della sua forma è davvero semplice. Infatti si tratta della stilizzazione dei movimenti di un torrente, osservati 5 mila anni fa in Cina! In giapponese "puro" **ACQUA** si dice MIZU ma la sua pronuncia di origine cinese è SUI !

▷ *Adesso molte cose vi saranno* **chiare!** *Andate a rivedervi i kanji di pagina* **7, 14** *e* **24!**

SERVIVA LO HIRAGANA...

Pian piano i kanji entrarono **nella vita dei giapponesi**, che cominciarono a usarli per i documenti. Ma c'era <u>un problema</u>! Per esempio, in giapponese *"mangiare"* si dice <u>TABERU</u>:

Come coniugo 食?

MANGIARE ← 食 → SHOKU / TA (BERU)

Ok, però quando in Giappone arrivò questo kanji *(che significa proprio **MANGIARE**)* chiaramente insieme a lui giunse anche la pronuncia di origine cinese <u>SHOKU</u>. Va bene... Ma come fare a **scrivere** il passato **"ho mangiato"** o il negativo **"non mangio"**?

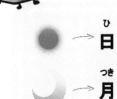

ひ → 日
つき → 月

Perché il nostro caro SHOKU 食 indica solamente **MANGIARE**, all'<u>infinito</u>! E a sto punto i giapponesi si sono detti:

KANJI MALEDETTI... NON CI RICORDIAMO COME SI <u>LEGGONO</u> E POI NON RIUSCIAMO A <u>CONIUGARE</u> I VERBI! CAVOLO...

e si semplificarono la vita creando dei simboli con *SOLO SUONO*, senza significato, e così... Nacquero ひらがな e カタカナ!

ひと → 人
め → 目

In questo modo si riuscì a scrivere la coniugazione MANGIARE, lasciando la <u>RADICE</u> in kanji e aggiungendo la <u>CONIUGAZIONE</u> in hiragana. Poi si cominciò a usare lo hiragana per indicare <u>la pronuncia SOPRA i kanji</u>, in modo che tutti potesserlo leggerli!

Provate a leggere la **pronuncia** *di questi kanji e a indovinare il loro* **significato!**

た
食べる
MANGIO

た
食べた
HO MANGIATO

Attenzione! VERBI e AGGETTIVI hanno solo la PARTE INIZIALE in kanji! Il finale è in hiragana:

ほん
本 LIBRO

しん じ
真司 SHINJI

い
言う DIRE

ふと
太い GRASSO

A COSA SERVONO

Ora abbiamo capito cosa sono i **KANJI** e addirittura come sono nati i sillabari *KANA*! Ma la domanda fatidica è... **a cosa servono i kanji?** La risposta è semplice. Servono per:

> ## I NOMI DI COSA
> *pera* 梨   *casa* 家   *piatto* 皿   *gatto* 猫

Ma i nomi **stranieri** in KATAKANA

Wow!

> ## I NOMI DI PERSONA
> *Yuriko* 百合子   *Masa* 昌   *Shiori* 栞

Chiaro, no? Con i *KANJI* si scrivono principalmente i **NOMI**, ma in realtà anche i (**VERBI**) e gli (**AGGETTIVI**)!

↳ *brutto, fresco, nuovo, caro...*

mangiare, dormire, guardare, dire...

SE NON LI SO LEGGERE?

Ma se non conosco i kanji 先生 e quindi non li si **scrivere**? O se incontro questa parola e non la so **leggere**...? Ci pensa lo **HIRAGANA** a salvarci! Come abbiamo visto prima, lo hiragana si mette SOPRA i kanji per indicarne la pronuncia:

IL PUNTO
I kanji si usano principalmente per scrivere i **NOMI** di cose e persone

Così posso **leggere** i kanji anche se non li ho mai visti! SEN SEI

せん せい
先生

Ecco, questa pronuncia scritta sopra si chiama **FURIGANA** . Ma... **in quali casi viene usata?**

LIBRI PER BAMBINI DELL'ASILO si userà **solo lo hiragana**, senza alcun kanji

MANGA PER RAGAZZI tutti i kanji avranno la lettura furigana

MANGA PER ADULTI solo **i kanji più rari** e complessi avranno il furigana

SAGGIO UNIVERSITARIO il furigana **non ci sarà**, se non per i kanji iper-rari

Perché bisogna pensare al *pubblico di lettori* a cui si scrive e al loro *livello di studi*!

Le quasi **7 mila** isole che formano l'arcipelago giapponese sorgono sulla Cintura di Fuoco del Pacifico, dove avviene la maggior parte dei terremoti terrestri! Insomma, il Giappone è costantemente **colpito da sismi**, ma la maggior parte sono difficilmente avvertibili...

Quindi teoricamente qualsiasi kanji lo potremmo scrivere in **HIRAGANA**, per comodità, ignoranza, dimenticanza ecc...

COME FACCIO SE NON MI RICORDO COME SI SCRIVE UN KANJI?

Sia benedetto lo HIRAGANA! Per esempio, magari tu sai che NIHON significa "Giappone" e sai anche che andrebbe scritto in kanji, essendo un NOME di cosa. Però mettiamo che tu non sappia i kanji con cui si scrive... Beh, in questo caso userai lo HIRAGANA, ovvero: にほん (in kanji si scrive 日本). Insomma, il punto è: essendo 日本 due kanji molto elementari, chi non li sa scrivere o è un bambino o è uno studente di giapponese alle prime armi... Quindi cerca di memorizzarli e ricorri allo hiragana solo in caso di amnesia totale!

Ah! Ecco perché **FUJI-YAMA** è sbagliato! In questo caso YAMA *(montagna)* è insieme ad **altri due kanji** e quindi si legge SAN! 富士山, ovvero FUJI-SAN *(il Monte Fuji)*!

USARE LE DUE PRONUNCE

Fino qui tutto ok, ma quando usare la lettura "**giapponese**" e quando quella "**cinese**"? Il ragionamento che bisogna fare è davvero facile, e il principio base è:

PRONUNCIA GIAPPONESE quando il kanji è **da solo**

PRONUNCIA CINESE quando il kanji è **in compagnia**

Questa è la regola *GENERALE*. Per fare un esempio, prendiamo l'ideogramma di **ACQUA**:

MIZU ← 水 → SUI
acqua   *idro*

Prima dell'arrivo dei kanji in Giappone, in giapponese **ACQUA** si diceva *(e si dice)* MIZU, e useremo quindi MIZU quando vogliamo dire semplicemente *"acqua"*, e basta. Ma i cinesi importarono anche la loro pronuncia del kanji 水, ovvero SUI! Insomma, SUI equivale alla nostra parola *"idro"*... Ma *"idro"* la usiamo da sola? Tipo *"Salve, volevo un bicchiere di idro"*?

NO! Usiamo IDRO quando **la attacchiamo** a un'altra parola, come per esempio:

Uhm... Un bicchiere di SUI? Ah no...

I **KANJI** più complessi **non** sono composti da tratti a caso, ma hanno tutti una *"storiella"*. Il trucco è osservare i RADICALI, delle piccole **parti che sono comuni** in tantissimi kanji. Per esempio, fate caso come nei kanji 助, 効, 勉 e 動 sia presente il piccolo radicale di FORZA 力!

Si dice
SUIMONGAKU
non
✗ MIZUMONGAKU

IDROELETTRICO
IDRODINAMICA
IDROLOGIA

Cioè, noi non possiamo usare né IDRO né LOGIA da sole, ma queste pronunce *"non puramente italiane"* devono essere appiccicate a qualcos'altro...

Allo stesso identico modo, non possiamo usare SUI da sola ma dobbiamo **attaccarla** a qualcosa! Ed ecco quindi 水文学 SUI**MONGAKU** = IDRO**LOGIA**!

Tornate a pagina 14 e 24! Già! 男女 si legge DAN-JO, ovvero *"uomini e donne"*!

Usare la pronuncia *"pura"* giapponese, cioè MIZUMONGAKU, sarebbe come dire... **ACQUA**LOGIA !

DIALOGO

Ora finalmente possiamo cominciare a vedere la VERA lingua giapponese! Già, perché **i tre sistemi di scrittura** *(hiragana, katakana e kanji)* **convivono pacificamente** nelle frasi, ognuno con il proprio scopo. Adesso ripassiamo questi concetti con un bel dialogo tra due turisti che si sono incontrati in un hotel di Tokyo... Prestate attenzione agli **IDEOGRAMMI**!

NI HON GO   HANA SE RU

日本語、話せる？

Sai parlare giapponese?

HA I   HANA SE RU

はい、話せる！

FU RA N SU GO MO

フランス語も。

Sì, lo so parlare! Anche il francese.

URE SHI I

嬉しい！

Sono contento! (Che bello!)

ANALISI del TESTO

Ci avete fatto caso? Nel giapponese SCRITTO <u>non esistono gli spazi</u>! È tutto attaccato! È proprio l'alternanza tra hiragana, katakana e kanji che ci fa capire <u>quando finisce una parola e inizia l'altra</u>. Per questo sono essenziali **tutti e tre** i sistemi, ed è troppo divertente vedere come **cooperano** per renderci le frasi chiare e scorrevoli. Ma ora *analizziamo*!

> **RADICE**
> *ma anche*
> ▷ **LIBRO!**

Il primo vocabolo che incontriamo è 日本語 NIHONGO, che significa "lingua giapponese". Questa parola è composta da 日本 **NIHON** *(Giappone)* e 語 **GO** *(lingua)*. Quindi 日本語 vuol dire **"lingua del Giappone"**, e dato che è un <u>NOME</u> di cosa *(a sua volta composto da altri due nomi: GIAPPONE e LINGUA)* si scriverà in KANJI!

> Se al kanji di ALBERO 木 aggiungiamo un <u>trattino</u> in basso → 本 il significato diventa RADICE!

Una cosa interessante da notare è che la parola 日本 GIAPPONE è formata dai kanji di 日 SOLE e 本 RADICE *(da non confondere con **ALBERO** 木)*. Cioè, letteralmente NIHON significa "la radice del sole", "l'origine del sole". Quindi... il Sol Levante!

La prossima parola è 話せる HANASERU. Si tratta del VERBO "parlare", e come sappiamo i verbi giapponesi si scrivono con la **PARTE INIZIALE** *(che non si modifica)* in KANJI e la **CONIUGAZIONE** *(modificabile)* in HIRAGANA. Se vogliamo fare i precisini, il verbo *"parlare"* all'infinito sarebbe 話す HANASU, ma coniugato in questo modo **(話せる HANASERU)** acquista il significato di **"poter parlare"**. A proposito! Avete notato che i kanji di 語 LINGUA e 話 PARLARE hanno in comune la parte 言 ? Significa **DIRE** ed è il RADICALE *(parte in comune)* di questi due ideogrammi. La frase vorrebbe dire *"Il giapponese, lo puoi parlare?"*.

E l'altra persona risponde con はい HAI, ovvero "sì". Essendo un'**ESCLAMAZIONE** *(come GRAZIE, PREGO ecc...)* si scriverà in **hiragana**! Fin qui tutto bene.

A seguire troviamo nuovamente 話せる HANASERU, il verbo **"parlare"** coniugato al modo POTENZIALE = "poter parlare". Il discorso è sempre lo stesso... È un VERBO, quindi **RADICE** in kanji e **CONIUGAZIONE** in hiragana! Insomma, letteralmente significa **"Sì, lo posso parlare!"**.

La prossima parola è フランス語 FURANSUGO. Ricordate 日本語 NIHONGO, che abbiamo incontrato prima? Abbiamo 語 GO, che significa "lingua". Esatto! **Basta appiccicare 語 GO a qualsiasi nazione per poter ottenere una LINGUA**, e in questo caso prima di 語 GO abbiamo フランス FURANSU. Cosa vorrà mai dire...? Ovviamente significa "Francia", ed essendo una parola <u>NON</u> propriamente giapponese si scriverà in **KATAKANA**: ecco una perfetta convivenza tra **katakana** *(per le parole di origine straniera)* e **kanji** *(per i nomi di cose e persone)*! Quindi, フランス語 FURANSU GO = lingua **della Francia** (lingua francese).

Infine abbiamo も MO, una PARTICELLA GRAMMATICALE. Affronteremo questo discorso più avanti... Per adesso basti sapere che も MO significa "anche", ed essendo una <u>particella grammaticale</u> si scrive in HIRAGANA! Tutto fila, vero? Ricapitolando, フランス語も FURANSUGO MO = anche il francese", nel senso di *"PARLO anche il francese"*.

La reazione è 嬉しい URESHII, ovvero "contento/felice". È un AGGETTIVO *(come BELLO, DIFFICILE...)* e, <u>come i verbi</u>, anche gli aggettivi si scrivono con la **RADICE** in kanji!

> ⚠ 人
> (persona)
> si legge
> HITO
> oppure JIN.
> Quindi:
> 日本人
> NIHON-
> JIN =
> persona
> giappo-
> nese.
> Ma resta
> JIN anche
> con i paesi
> stranieri!
> フラン
> ス人
> FURAN
> SU-JIN:
> persona
> francese

日 SOLE ひ/ニ　　本 LIBRO もと/ホン　　語 LINGUA/RACCONTARE かたる/ゴ
　　話 PARLARE はなす/ワ　　嬉 CONTENTO うれしい/キ

I KANJI *apparsi nel dialogo, con le letture* <u>KUN</u> *in hiragana e* <u>ON</u> *in katakana!*

La pronuncia *"alla cinese"* di 本 è HON, e si usa anche se è <u>da solo</u>! Già, ci sono delle **eccezioni**... ⚠

練習
ESERCIZI

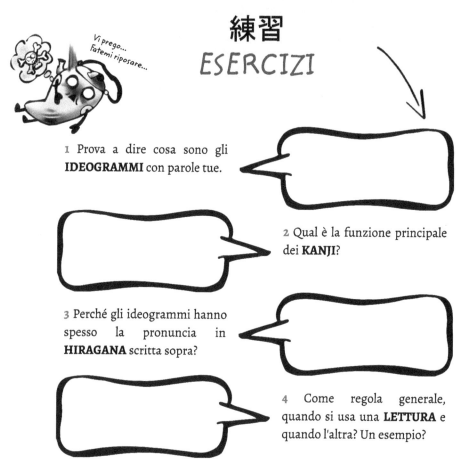

Vi prego... Fatemi riposare...

1 Prova a dire cosa sono gli **IDEOGRAMMI** con parole tue.

2 Qual è la funzione principale dei **KANJI**?

3 Perché gli ideogrammi hanno spesso la pronuncia in **HIRAGANA** scritta sopra?

4 Come regola generale, quando si usa una **LETTURA** e quando l'altra? Un esempio?

5 Inserisci KANJI, SIGNIFICATO, LETTURA GIAPPONESE *(in hiragana)* e LETTURA CINESE *(in katakana)* dove necessario nello **schema**!

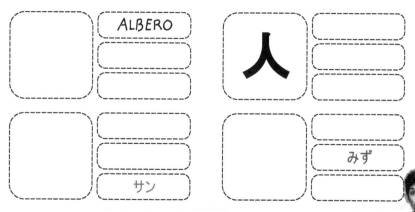

ALBERO

人

サン

みず

LE SOLUZUONI SONO A PAGINA **144**!

Adesso mi sento MEGLIO!

ただいま！
Sono a casa!

LEZIONE 5
SALUTI E
PRESENTAZIONI
挨拶と自己紹介

Ora avete capito le potenzialità dei **KANJI**? Solo a guardare una parola che non avete mai visto, potete più o meno <u>capire</u> di cosa si sta parlando (se <u>conoscete</u> i kanji che la compongono).

Mi raccomando:
-Nel 90% dei casi si usa la lettura **ON** se ci sono due o più kanji attaccati
-Per capire il significato, cominciate a tradurre **dall'ultimo kanji in su!**

すい あつ
水圧 = LA PRESSIONE DELL'ACQUA

ACQUA

PRESSIONE

"Grande... cercavo video come questo... quando i prossimi sul Giappone?"
simone n.

Fantastico...

5

Abbiamo completato le nozioni sulla scrittura giapponese, ma per padroneggiare <u>i tre sistemi</u> serve un bel po' di allenamento... Non c'è esercizio migliore che immergersi nella vera lingua giapponese e *provare*! Iniziamo quindi con i <u>SALUTI</u> e le <u>PRESENTAZIONI</u>!

I SALUTI

Siete pronti a dire le vostre **prime parole** di senso compiuto in giapponese? Vediamo insieme i SALUTI principali *(buongiorno, buonasera ecc...)*. Si scrivono tutti in <u>HIRAGANA</u>!

O HA YO U
おはよう   BUONGIORNO!

Che presto!

Si usa di **MATTINA**. È composto da una お di rispetto e la parola **HAYOU**, una versione antica dell'aggettivo **"presto"**. Quindi, *"Io rispetto il TUO **presto**!"* nel senso di *"Che bravo! Ti sei alzato **presto**!"*

Oggi!

KO N NI CHI WA
こんにちは   BUONGIORNO!

Di **POMERIGGIO** il "buongiorno!" è **KONNNICHIWA**. は HA si legge WA perché ci indica il TEMA *(lo vediamo a pagina 63)*, e in questo caso il tema è **"konnichi"** *(oggi)*. Letteralmente: *"Parlando di **oggi**?"*

KO N BA N WA
こんばんは   BUONASERA!

Stasera!

Il saluto **SERALE** è **KONBANWA**, con di nuovo il HA alla fine! Anche qui viene pronunciato WA: stesso discorso di prima, ma ora il TEMA è **"konban"** *(stasera)*. Letteralmente: *"Riguardo **stasera**?"*

Riposa!

O YA SU MI
おやすみ   BUONANOTTE!

Anche in BUONANOTTE abbiamo la お di rispetto, ma la parola *"rispettata"* questa volta è **YASUMI** *(riposati!)*: un <u>VERBO</u>! Quindi *in teoria* si scriverebbe in kanji → 休み **YASUMI**

Ma se usato in BUONANOTTE <u>perde</u> il suo significato letterale e si scrive in HIRAGANA!

CON GLI SCONOSCIUTI

Dunque, in giapponese esiste una sorta di **DARE DEL TU** e DARE DEL LEI , cioè si parla in linguaggio **INFORMALE** e **FORMALE**. A grandi linee, la regola generale è:

FRASI FORMALI = PIÙ LUNGHE

ed è meglio abituarsi fin da subito a questo *"aggiungere parole"* in base alla SERIETÀ della situazione... Comunque, parlando di saluti, こんにちは e こんばんは risultano **FORMALI**, mentre gli altri due bisognerà "addobbarli" un pochino per poterli usare in situazioni più serie:

COME STAI?

risulta una domanda **molto amichevole** e <u>NON</u> si usa nelle situazioni *"serie"*!
Ma se volessimo chiederlo ad amici intimi o parenti? Si può esprimere con:

最近、どう？ SAIKIN DOU?
(ultimamente, com'è?)
oppure con
元気？ GENKI?
(sei in salute?)

Possiamo rispondere con 元気 ! GENKI! *(sono in salute!)* oppure con まあまあ MAA MAA *(così così)*.

CON AMICI	SITUAZIONI SERIE
O HA YO U おはよう	O HA YO U GO ZA I MA SU おはようございます
YO / YA A / HISA SHI BU RI よ / やあ / 久しぶり	KO N NI CHI WA こんにちは
YO / YA A / HISA SHI BU RI よ / やあ / 久しぶり	KO N BA N WA こんばんは
O YA SU MI おやすみ	O YA SU MI NA SA I おやすみなさい

Che news...

Il linguaggio FORMALE <u>non</u> si usa con le persone intime perché è freddo!

IL PUNTO
Tra amici *non* ci si saluta con **KONNICHIWA** o **KONBANWA**. Sono formali!

E "ARRIVEDERCI"?

Per salutare andando via, abbiamo 4 scelte:

Ciao ciao!
(bye bye)

Ci vediamo!
(ancora eh)

A presto!
(va bene eh)

ARRIVEDERCI - *formale*
(faccio una scortesia)

BA I BA I バイバイ	MA TA NE またね	JA A NE じゃあね	SHITSUREI SHI MA SU 失礼します

QUINDI IN GIAPPONESE NON ESISTE UN SEMPLICE "CIAO"?
La notizia triste è che non esiste un CIAO come lo intendiamo noi, ma per ricreare più o meno lo stesso effetto possiamo usare よ *YO (tipo "ehilà"),* やあ *YAA (ehi) oppure* 久しぶり *HISASHIBURI, che letteralmente significa "da quanto tempo!" ma possiamo tradurlo con* **CIAO** *la maggior parte delle volte.*

⚠ さようなら SAYOUNARA *suona spesso come "addio"*

はじめまして！
まっちゃちゃん
です

Questo kanji significa **DIRE** ed è composto da un'arma **tagliente** nella parte superiore e una **bocca** in basso. L'idea è quella di DIRE un giuramento a voce, con la bocca. Non rispettare il giuramento fatto significava ricevere una **punizione** fisica *(quindi con l'arma)*. Si legge **IU** o **GEN**.

PRESENTIAMOCI!

Benisssimo! E dopo aver visto i **SALUTI PRINCIPALI** *(informali e formali)* e dopo aver imparato a chiedere **COME STAI?** *(genki?)*, è arrivato il momento di imparare a PRESENTARCI. Allora, per dire una bella frase come *"Piacere, Davide!"* basterà usare:

o na mae wa
お名前は？
Il tuo nome?

HA JI ME MA SHI TE   *nome*   DE SU
はじめまして！ [...] です

La frase più **naturale** da dire per presentarsi è sicuramente questa. Se vogliamo *analizzarla* un po' nel dettaglio, come prima parola troviamo:

Il **VERBO ESSERE**
non è **necessario**! Molti anni fa le "donne di compagnia" inventarono la parolina です *DESU* per rendere le frasi più dolci e gentili, e questo DESU si diffuse così tanto che si usa tutt'oggi per rendere le frasi più **FORMALI**. Ma non è grammaticalmente obbligatorio e NON è il verbo essere!

はじめまして

HAJIMEMASHITE è un'*esclamazione* che si può tradurre con **PIACERE!** e deriva dal verbo **"hajime-masu"** *(iniziare/cominciare)*.

Quindi la sua traduzione letterale sarebbe *"iniziando"*, *"per la prima volta"*, nel senso di **"è la prima volta che ci incontriamo!"**. Attenzione perché la I di **SHITE** si pronuncia appena appena, tipo "hajimema*sh*te" ⚠

Nello **spazio vuoto** [...] che segue inseriremo il nostro **NOME** e subito dopo basterà mettere una parolina davvero *particolare*, ovvero:

Prima del nome possiamo aggiungere 私は WATASHI WA, ovvero **IO**, ma *(come in italiano)* ci sono casi in cui è naturale e in cui non lo è. Per esempio, se qualcuno si presenta dicendo "Hajimemashite! Yuki desu", a quel punto io dirò **"HAJIMEMASHITE! WATASHI WA DAVIDE DESU!"** per esprimere **"IO** *(invece)* **sono Davide!"**.

です

La U è mezza mangiata, tipo *"des"*. Questo DESU potrebbe sembrare il verbo essere *(Io sono Davide)*, ma **NON** è così! In realtà è solo un elemento d'abbellimento che rende la frase più FORMALE. Quindi si potrebbe anche dire はじめまして！ダヴィデ！ ma sarebbe **innaturale** perché in una prima presentazione ci sia aspetta un po' formalità...

*Lo hiragana は (HA) in questi casi si legge **WA** perché è una particella che esprime "riguardo a.../parlando di..." (pagina 63).*

Ora non c'entra, ma ripassiamo le letture KUN e ON!

新 → あたらしい / シン (NUOVO)
聞 → きく / ブン (SENTIRE)

しん ぶん
新聞

SHIN-BUN significa GIORNALE, ovvero le notizie NUOVE che si sono SENTITE!

Il にぎり NIGIRI è un tipo di SUSHI formato da una **polpettina di riso** (*NIGIRU* significa "stringere/pressare") **insaporita** con zucchero e aceto, sulla quale viene posata una fettina di <u>pesce</u> crudo o cotto, <u>frittata</u>, <u>verdure</u> e altri ingredienti!

LA FRASE MAGICA

Ok, abbiamo visto che **PRESENTARSI** è molto semplice, ma ora dedichiamoci alla parte più *interessante*... Perché scoprirete ben presto che tutti i giapponesi (*dopo essersi presentati*) diranno:

BENE/
GENTILMENTE

YO RO SHI KU O NEGA I SHI MA SU
よろしくお願いします

PER FAVORE

Questa frase è **alla base** della cultura giapponese, e la sentirete di continuo... Letteralmente significa BENE, **PER FAVORE** , ma non ha una traduzione diretta e <u>va adattata</u> alle circostanze, ovvero:

PRESENTAZIONI	**RICHIESTE**	**COLLABORAZIONI**
Con il significato di "Adesso che ci siamo presentati... Ti prego, trattami BENE/ gentilmente"... Dobbiamo per farza tradurla in	Cioè quando affidiamo un oggetto o un compito a qualcuno. "Tratta bene ME e questo compito che ti ho affidato, per favore!". Insomma,	Prima di svolgere un'attività insieme a qualcuno. "Io mi affido a TE e tu ti affidi a me, quindi facciamo questa cosa BENE e trattiamoci gentilmente!". Ovvero:
MOLTO PIACERE!	GRAZIE IN ANTICIPO!	GRAZIE!

FORMA PIANA e FORMA CORTESE

Come abbiamo detto prima, in giapponese esistono <u>2 modi</u> di parlare: quello **INFORMALE**, detto anche **FORMA PIANA** , e quello **FORMALE**, altrimenti chiamato **FORMA CORTESE** . In linea di principio, il primo si usa **con familiari e amici** e il secondo **con sconosciuti o superiori**.

Ehi, <u>non</u> è certo una legge, ma se usassimo la **FORMA PIANA** con uno sconosciuto passeremmo per *cafoni*, e viceversa usando la **FORMA CORTESE** con un amico sembreremmo *freddi* e distaccati!

Per ora vedremo solo la <u>FORMA PIANA</u>, a eccezione del DESU che useremo nelle presentazioni (*era troppo importante...*). E ora dialogo!

Per ora non ci interessa

PIANA	CORTESE
verbi piani	verbi in **MASU**
frasi corte	frasi lunghe
nessun finale	finale in **DESU**

Il WASHLET (*wash + toilet*), presente in molte case giapponesi e in molti centri commerciali, è in pratica un **WC dalle varie funzioni** tra le quali bisogna menzionare: <u>BIDET</u> con spruzzo regolabile di calore e intensità, <u>tavoletta</u> riscaldata e musichetta copri-rumori molesti.

DIALOGO

I **SALUTI** e le **PRESENTAZIONI** sono argomenti facili, ma la cosa essenziale da capire è che esiste il giapponese in forma <u>PIANA</u> e quello in forma <u>CORTESE</u>! Per ora impareremo solamente **la FORMA PIANA**, ma come eccezione vedremo le presentazioni in forma **cortese**, dato che è *questo* il modo naturale di presentarsi. Allora, due ragazzi si incontrano:

O HA YO U GO ZA I MA SU
おはようございます！

HA JI ME MA SHI TE   SA RA DE SU
はじめまして！サラです

Buongiorno! Piacere, Sara!

DO U MO   DO U MO   WATASHI WA
どうも、どうも！私 は

YAMA MOTO TO MOU SHI MA SU
山本 と 申します。

Salve, salve! Io mi chiamo Yamamoto.

YO RO SHI KU
よろしく！

Piacere!

o namae wa
お名前は？
riguardo il nome?
COME TI CHIAMI?

ANALISI del TESTO

Nel dialogo abbiamo visto una ragazza italiana **presentarsi** a un giapponese, ma i più attenti di voi avranno notato che questa ragazza tenta di essere leggermente rilassata nel parlare e nel comportarsi, nel senso che ha voluto prendere subito confidenza... Da cosa si capisce? Dal suo **MODO DI PARLARE**, ovviamente! Dai, analizziamolo bene insieme!

La ragazza comincia dicendo おはようございます OHAYOU GOZAIMASU, il "buongiorno" che si usa la mattina. Attenzione che togliendo il ございます GOZAIMASU, il semplice おはよう OHAYOU mantiene il significato di "buongiorno", ma con una tonalità più INFORMALE e amichevole. Ma siccome questa è una presentazione, la nostra amica ha optato per **la versione formale** di "buongiorno"... Ma andiamo avanti!

Proseguendo troviamo はじめまして HAJIMEMASHITE, che significa "piacere!". A seguire abbiamo サラ SARA, il **nome** della ragazza (notate che essendo un nome NON giapponese si scrive in KATAKANA), e infine troviamo です DESU. Quindi la frase vorrebbe dire **"Piacere, sono Sara!"**, ma il VERBO ESSERE (sono) in giapponese non viene detto!

Ovvero, la frase potrebbe benissimo essere はじめまして！サラ HAJIMEMASHITE! SARA, ma risulterebbe davvero strana, perché in una presentazione è NATURALE usare です DESU (una parolina in più che rende il tutto più **formale** e gentile, ma anche **freddo**...).

> Eccezione! Nei COGNOMI si usa quasi sempre la lettura KUN dei kanji! Quindi 山本 si leggerà YAMA-MOTO e non SAN-HON ✗

Il ragazzo risponde con どうも DOUMO. Questa parola sarebbe un **SALUTO** abbastanza formale, un po' **freddo** e neutro. Si traduce con "salve" e si può usare a qualsiasi ora.

Poi prosegue con 私は WATASHI WA. Analizziamo un attimo questa parte...

Come sappiamo già, 私 WATASHI significa "io" mentre は WA (attenzione che in realtà si scrive HA!) è una particella che esprime "parlando di...". Cioè, dicendo 私は WATASHI WA sta sottolineando: "Ok... Tu sei Sara. **IO**, invece... Per quanto riguarda **ME**, invece...".

Infine abbiamo il **cognome** (in kanji!) 山本 YAMAMOTO e subito dopo la nuovissima parte と申します TO MOUSHIMASU. Il verbo 申します MOUSHI-MASU (radice in kanji!) significa "chiamarsi", nel senso di **"mi chiamo..."**, e questo と申します può essere usato nelle presentazioni al posto di です DESU per darsi un tono ancora più FORMALE e serio!

E Sara risponde con よろしく YOROSHIKU, la versione INFORMALE di よろしくお願いします YOROSHIKU ONEGAI SHIMASU, ovvero "trattami gentilmente, per favore!", anche se si deve per forza tradurla con **"Piacere di conoscerti"**.

Insomma, con questo taglio della parte お願いします ONEGAI SHIMASU, Sara vuole già fare l'amichevole (anche se nelle presentazione c'era です DESU!).

Quindi ha detto **"Piacere, Sara!"** in modo naturale (ovvero in maniera formale) e subito dopo è passata alla **FORMA PIANA** per prendere subito confidenza e risultare amichevole. Queste sottigliezze non si studiano a tavolino... Dipende dalla sensibilità della persona!

私 **IO** わたし/シ　　山 **MONTAGNA** やま/サン　　本 **LIBRO/RADICE** もと/ホン

申 **DIRE** もうします/シン　　願 **PREGHIERA/RICHIESTA** ねがい/ガン

> ⚠ 申します è la versione FORMALE di 言う IU (dire). Cioè と申します significa "il mio nome... **si dice**".

練習
ESERCIZI

Forse era più facile l'arabo...

1 Come saluteresti un **AMICO** che non vedi da 2 settimane?

2 Come augureresti la **BUONANOTTE** a una persona con cui hai poca confidenza?

3 Come saluteresti un tuo AMICO **intimo** prima di andare via? E il tuo capo?

4 Come tradurresti la parola **YOROSHIKU!** se detta dopo la frase "Pensaci tu!".

5 Completa il **dialogo** aiutandoti con i simboli già inseriti!

こ＿ ＿ち＿!
＿名前＿?

はじ＿ま＿＿＿!
アンドレア＿＿

＿＿＿し＿＿願＿
＿＿＿!

LE SOLUZUONI SONO A PAGINA 145!

44

E i primi passi sono fatti!

LEZIONE 6
IO, TU, LUI, LEI
私、あなた、彼、彼女

言語 = LA LINGUA PARLATA

DIRE

LINGUA/PAROLA

"Assolutamente il miglior insegnante del tubo... Grande davide"
gab51d

La maggior parte delle lingue ha UN SOLO MODO per dire <u>IO</u>. Per esempio *I* in inglese, *ICH* in tedesco, *JO* in spagnolo... ma voi avete scelto il giapponese, e qui la storia cambia! E ci sono tanti modi anche per dire <u>TU</u>... Ora vi spiego perché tutto questo è una vera *figata*.

TANTI MODI PER DIRE "IO"

Watashi, watashi... Per dire **IO**, fino a ora abbiamo visto solamente 私 **WATASHI**, ma in realtà <u>esistono tanti modi per dire IO</u>, e in base a quale *"io"* decideremo di usare automaticamente **esprimeremo il nostro MODO DI ESSERE**, il nostro carattere, la nostra personalità, la nostra timidezza o addirittura la nostra freddezza... Insomma, della serie:

> ## DIMMI CHE "IO" USI E TI DIRÒ CHI SEI

E diffidate da chi vi dice *"questi sono per i maschietti e questi per le femminucce"*. Puah... No, <u>non</u> è così. Abbiamo delle SCELTE e non ci sono regole ! Beh, ovvio... Utilizzando un certo

IL PUNTO
Ci sono diversi modi per dire IO e TU, da usare in base al nostro modo di essere!

IO in una determinata situazione potremmo risultare

MALEDUCATI   ROZZI   EFFEMMINATI

FREDDI   ELEGANTI   SECCHIONI

Ma chi ce lo impedisce? Non ci sono mica *leggi* su quale **IO** usare!

ANCHE PER DIRE "TU"

La cosa interessante è che ci sono **diversi modi** anche per dire TU! *Ma è o non è una lingua stupenda, ragazzi?*

E scegliendo di **usarne uno piuttosto che un altro**, rifletteremo il nostro modo di <u>VEDERE</u> l'interlocutore.

Già... Ormai avrete capito che il giapponese è una lingua *ricchissima* sotto questo punto di vista. Ma ora bando alle ciance, vediamo il *menù* con le sfumature che esprimono i vari <u>IO</u> e <u>TU</u>!

Continuiamo una **PRESENTAZIONE** standard dicendo la nostra **nazionalità**. Essendo una presentazione, mettiamo il DESU per essere più **naturali**:

BOKU WA I TA RI A JIN DE SU
僕 はイタリア人です
Io sono italiano

A NA TA WA
あなた は？
Tu ?

E ora sostituiamo **BOKU** e **ANATA** con i pronomi più <u>adatti</u> a noi!

私
è spesso usato da entrambi i sessi, e appare di frequente negli **ESEMPI** per dare una sensazione di neutralità!

Bene, cominciamo con il primo *menù*! Ecco i modi per dire **IO**.
Cercate di cogliere il *"gusto"* che ognuno porta con sé:

WATASHI
私

Finora abbiamo visto solo questo, perché **WATASHI** è un **IO** *"da frase d'esempio"*. Per meglio dire, è il più utilizzato in PUBBLICO per risultare un po' freddi e mantenere **distanza** con l'interlocutore... Si userà magari parlando con il negoziante, in un discorso serio davanti a tanta gente o con una persona più importante. Ma bisogna sapere che 私 risulta abbastanza femminile, nel senso che le donne tendono a usarlo praticamente in ogni situazione, mentre gli uomini, appunto, lo usano per esprimere distacco e formalità.

BOKU
僕

BOKU è indubbiamente più *fresco* di **WATASHI**, e se lo useremo parlando con uno sconosciuto rifletteremo un modo di fare *"soft"*, diminuendo la tensione e la freddezza! Della serie, **"Sì, ho una certa eleganza ma non mi piace risultare troppo formale..."**.
Insomma, 僕 è un ottimo COMPROMESSO, da usare magari anche con i *"superiori"*, perché con 僕 si esprime un certo tono, ma in modo più *casual* e (forse) distinto. Però c'è da dire che in realtà suona come un **IO** piuttosto MASCHILE, e tra le ragazze lo usano le omosessuali o le *maschiacce*.

A TA SHI
あたし

Questo **IO** sarebbe la forma *abbreviata* di **W**ATASHI, e viene spesso scritto in *hiragana* (che trasmette una sensazione **morbida** e carina...). Perché **ATASHI** risulta molto FEMMINILE, e lo usano più che altro le ragazze in situazioni informali. Insomma, è una versione *casual* di 私, da usare con persone intime, quindi poco adatto se usato parlando con il capo, perché si risulterebbe un po' *bambine*! Se usato da un ragazzo esprimerebbe davvero *tanta* effeminatezza.

Questione di personalità!

ORE
俺

ORE è la versione più *"rilassata"* per dire **IO**, ma NON nel senso che sia *volgare*, anzi! È usato dall'80% di uomini e ragazzi, e non si risulta volgari se lo si usa parlando con amici e familiari... Il problema è che 俺 può diventare volgare se usato in circostanze non adatte, come eventi seri o formali. È sicuramente il modo per dire **IO** più usato tra i giovani (ed è molto maschile), però se usato in situazioni formali suona GREZZO! Per esempio, se in un programma TV tutti usano *WATASHI*, usando **ORE** si risulterebbe poco educati...

Alle elementari molti bambini usano 僕, mentre le bambine 私. Alle medie i ragazzi cominciano a utilizzare 俺 perché si sentono più *cazzutelli* e solo più avanti anche i maschietti imparano a usare 私, perché è *"da adulti"*!

車

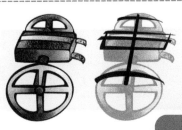

Questo kanji ha assunto con il tempo il significato di **MACCHINA** o **AUTOMOBILE**, ma anche VEICOLO in generale. La sua forma deriva da un carretto visto dall'alto, con il quale si trasportava riso e grano. Da qui l'idea di *"veicolo"*. Le sue letture sono KURUMA e SHA.

kimi wa dare
君は誰 ?
TU CHI SEI?

KIMI detto a
estranei è forse
un po' *sciolto...*

D'altro canto, usando i diversi <u>TU</u> esprimeremo **l'importanza che diamo agli altri**, perciò *attenzione!* Se usati male possono <u>anche offendere!</u> Ecco il *menù*:

A NA TA
あなた

È il <u>TU</u> più usato nelle *frasi d'esempio*, ma nella realtà non si sente così spesso... Molti credono che sia **formale**, ma <u>NON</u> è così! Diciamo che è STANDARD, da usare con chi riteniamo sia al **nostro livello**, come **coetanei o colleghi**.
Ricordatevi che <u>NON</u> è formale, anzi, è considerato scortese usare ANATA con un *"superiore"* (come il capo, l'imperatore, la nonna ecc...). **ANATA** è più che altro utilizzato **con persone di cui non si sa il NOME**, magari perché non si sono ancora presentate, ma può andare bene anche se utilizzato con amici o parenti. Insomma, è un TU che esprime "siamo allo stesso livello".

KIMI
君

KIMI è un <u>TU</u> più *soft* di あなた, più "frizzante" e sciolto, ma come ANATA è da usare **con persone "al nostro livello"**, come coetanei o amici. Darà comunque un effetto più *libero* e disinvolto rispetto ad あなた...
Però attenzione! **KIMI** è usato anche dai superiori nei confronti dei loro subordinati, come un direttore a un impiegato, ma ovviamente questo è <u>un ALTRO</u> uso di **KIMI**, che comunque sia può essere tranquillamente utilizzato con **parenti**, **amici** e persone *"al nostro livello"*.

O MAE
お前

OMAE si sente spessissimo <u>in MANGA e ANIME</u>, e in questi casi non ha particolari sfumature negative *(rende cazzuti i personaggi)*, ma nella vita reale **non è usato così spesso!** Perché OMAE è un <u>TU</u> "violento" che esprime superiorità, ed è da usare <u>con sconosciuti che odiamo</u> oppure snobbiamo...
Se utilizzato tra AMICI **(più che altro si sente tra maschi)**, il suo uso è davvero molto intimo, perché OMAE distrugge ogni barriera! Quindi bisogna fare attenzione: OMAE sfonda la privacy e perciò risulta un insulto se NON è usato con persone **intimissime** *(anche se molte si offenderanno comunque...)*. QUANTI SONO?

A N TA
あんた

ANTA è l'abbreviazione di **ANATA** ed è forse il <u>TU</u> più odiato in assoluto. Questo perché **ANTA** implica <u>molta presuntuosità</u> da parte di chi parla, e a differenza di お前, questo **ANTA** non viene usato tra amici, anzi! Viene utilizzato **solo con persone che non sopportiamo** oppure con sconosciuti che ci rompono le balle... Però attenzione, perché in alcuni dialetti (e in MANGA e ANIME) viene usato spessissimo senza sfumature negative!

Questi **TU** <u>non</u> si usano molto: la cosa più naturale da fare è usare il NOME della persona, invece che dire TU.
Quindi ラウラは元気 ? può significare sia "Laura **sta bene?**" sia "Tu *(Laura)* **stai bene?**". *Bisogna abituarsi...*
Anche nei confronti dei SUPERIORI è strano usare TU, però loro **non** andranno chiamati con il loro nome, ma con il loro TITOLO. Come 先生は元気 ?, ovvero "Il professore **sta bene?**" oppure "Lei *(professore)* **sta bene?**".

Solitamente i giapponesi professano **due religioni**: lo SHINTOISMO e il BUDDHISMO. Se per i funerali si usa spesso il rito buddhista, il matrimonio invece è quasi sempre shintoista, ma molti giapponesi mettono in scena la cerimonia <u>cristiana</u> perché è *"più cool"...*

SSHHH...

LUI E LEI?

Incredibilmente, dire <u>LUI</u> e <u>LEI</u> e molto più **facile** e intuitivo che dire **IO** e **TU**! Infatti si esprimono semplicemente con:

KARE	KANOJO
彼 LUI	彼女 LEI

> 我々 **WARE**WARE è un **NOI** nel senso di *"noi gruppo"*, *"noi azienda"*, *"noi team"*. Occhio al simbolo 々, che sostituisce la RIPETIZIONE di uno stesso kanji!

Notate che contengono entrambi il kanji 彼, ma LEI ha in più quello di **DONNA** (女)!

> **SOLO UNA DOMANDA! PER CHIAMARE I GENITORI SI USA "ANATA"?**
> *I genitori sono considerati SUPERIORI, e di conseguenza si userà il loro TITOLO piuttosto che chiamarli con un "plebeo" TU... Ovvero si userà il "titolo"* **お母さん OKAA-SAN** *per dire "mamma" e* **お父さん OTOO-SAN** *per "papà". Per esempio,* お母さんは元気? OKAA-SAN WA GENKI? *può voler dire sia "La mamma sta bene?" sia "Tu (mamma) stai bene?".*

> Tanti IO = **NOI**
> Tanti TU = **VOI**
> Tanti LUI = **LORO**

NOI, VOI, LORO

La buona notizia è che, sapendo **IO**, **TU**, **LUI** e **LEI**, è matematico anche sapere **NOI**, **VOI** e **LORO**! Basterà aggiungere たち TACHI oppure ら RA.

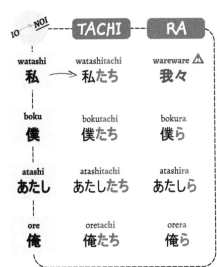

IO → NOI	TACHI	RA	TU → VOI	TACHI	RA
watashi 私	watashitachi 私たち	wareware ⚠ 我々	anata あなた	anatatachi あなたたち	anatagata ⚠ あなたがた
boku 僕	bokutachi 僕たち	bokura 僕ら	kimi 君	kimitachi 君たち	kimira 君ら
atashi あたし	atashitachi あたしたち	atashira あたしら	omae お前	omaetachi お前たち	omaera お前ら
ore 俺	oretachi 俺たち	orera 俺ら	anta あんた	antatachi あんたたち	antara あんたら

kare 彼	~~karetachi 彼たち~~	karera 彼ら	kanojo 彼女	kanojotachi 彼女たち	kanojora 彼女ら

LUI/LEI → LORO

⚠ たち e ら sono pressoché interscambiabili, ma forse ら suona più **CORTESE**...

DIALOGO

Ottimo! Adesso sappiamo tutti i **PRONOMI PERSONALI**, singolari e plurali. Beh, mettiamoli subito in pratica! In questa scena troviamo due ragazze italiane che si incontrano con una coppia di turisti nella lavanderia dell'hotel. Fanno le presentazioni e... vediamo un po' che **IO**, **TU**, **LEI** ecc utilizzeranno. Pronti? Scannerizzate i QR-CODE, eh!

FU RO RI A N SA N WA
フロリアンさんは

FU RA N SU JIN
フランス人？

Tu sei francese?

BO KU WA FU RA N SU JIN DE SU
ぼくはフランス人です

KE DO KANO JO WA SU PE I N JIN DE SU
けど彼女はスペイン人です

Io sono francese, ma la mia ragazza è spagnola.

A TA SHI TA CHI WA
あたしたちは

I TA RI A JIN YO RO SHI KU
イタリア人。よろしく！

Noi (invece) siamo italiane. Piacere!

ore wa fa bi o sa n de su
俺は ファビオさんです
*Il suffisso さん SAN **non** si usa per indicare se stessi: è da narcisisti!*

ANALISI del TESTO

Wow... in questo dialogo è apparso un po' di tutto! **LEI**, **IO**, **NOI**... Proviamo ad analizzare nel dettaglio il testo per capire bene le sfumature che si esprimono scegliendo di usare un **PRONOME** piuttosto che un altro, perché è questo il *bello* del giapponese! Siamo liberi di esprimere la nostra personalità giocando con i vari pronomi personali. Analizziamo!

Cominciamo con フロリアン FURORIAN, la *katakananizzazione* del nome "Florian". Subito dopo troviamo さん SAN (*in hiragana*), un suffisso di rispetto da attaccare ai nomi delle persone con cui non abbiamo confidenza (ma **NON** si traduce con *signor*)!
A seguire troviamo は WA, l'unica **PARTICELLA** che abbiamo visto fino a ora. Attenzione perché lo hiragana は HA se usato come particella si legge WA! Allora, questo は WA indica il **TEMA** della frase, e quindi esprime "parlando di..." oppure "per quanto riguarda...", cioè crea un **ARGOMENTO** a proposito del quale si vuole parlare. Come vedete l'*argomento* di questa frase è proprio フロリアンさん! Quindi フロリアンさんは = A PROPOSITO DI FLORIAN.
Il punto è che questo Florian si è **già** presentato prima! Per questo il suo nome si sa già...

Se Florian non si fosse ancora presentato, si sarebbe usato sicuramente あなた ANATA (tu), proprio perché ANATA è il TU più adatto da usare con le persone di cui non si sa il nome...

In questo caso però è più naturale usare il **NOME** invece che un *freddo* TU, perciò in italiano il tema フロリアンさんは FURORIAN SAN **WA** lo possiamo tradurre con = "RIGUARDO TE".
La frase termina con フランス人 FURANSU-JIN, ovvero "persona della Francia".
フロリアンさんはフランス人? FURORIAN SAN WA FURANSU-JIN? letteralmente significa "Parlando di Florian... *francese?*", ma si traduce "TU (FLORIAN) SEI FRANCESE?". Il VERBO ESSERE (*sei*) non è necessario, però con gli sconosciuti è più elegante aggiungere DESU, ma questa ragazza ha deciso di risultare più simpatica (*o invadente...*) tralasciandolo!

A seguire, Florian inizia con ぼくは BOKU WA, ovvero "per quanto riguarda ME". Notate che Florian usa ぼく BOKU per dire "IO", e questo esprime una certa *"eleganza un po' casual"*. Ah, ovviamente **BOKU** in realtà si scriverebbe 僕, ma si può scrivere anche in HIRAGANA per dare un tocco più *"morbido"* e innocente al personaggio che parla.
La parola seguente è フランス人 FURANSU-JIN, seguita questa volta da です DESU! Il punto è che です DESU si usa per esprimere un po' di freddezza, della serie *"sono gentile ma non ti do confidenza"*. Aggiungendo anche けど KEDO, cioè "ma/però", la frase risulta ぼくはフランス人ですけど BOKU WA FURANSU-JIN DESU KEDO = "IO SONO FRANCESE, MA...".
Poi troviamo 彼女は KANOJO WA, ovvero "per quanto riguarda LEI", e a seguire abbiamo la parte スペイン人です SUPEIN-JIN DESU, che vuol dire "è spagnola". Già! Il です DESU non è obbligatorio, ma Florian lo aggiunge sempre per risultare *"distaccato ma gentile"*.

Infine la ragazza risponde con あたしたちは ATASHITACHI WA, "per quanto riguarda NOI". La parola **ATASHI** sarebbe un *"IO"* molto femminile e *"carino"*, e aggiungendoci たち TACHI si farà il PLURALE! Quindi あたしたち = NOI.
Poi イタリア人 ITARIA-JIN, cioè (persone italiane), e infine よろしく YOROSHIKU, la solita espressione che letteralmente significa "(trattati) bene!".

O in KATA-KANA (ボク) per esprimere ribellione

KANOJO può voler dire LA MIA RAGAZZA

人 PERSONA ひと/ジン	僕 IO ぼく	彼 LUI かれ
	女 DONNA おんな/ジョ	

Basta aggiungere 人 JIN dopo uno stato per dire la nazionalità!

あたしたちは イタリア人 です = *Noi siamo italiane*
あたしたちは イタリア人　　 = *Noi siamo italiane*

練習
ESERCIZI

Vi prego... Datemi un po' di みず

1 Un ragazzo di 19 anni quale **TU** userebbe (*probabilmente*) con un suo coetaneo intimo?

2 Qual è il **TU** più naturale da usare con una persona di cui si conosce bene il nome?

3 Come si dicono **LUI** e **LEI**? Prova a scriverli in kanji!

4 Prova a scrivere in kanji almeno 4 modi per dire **NOI**!

5 Secondo te, questi personaggi che **IO** userebbero per indicare se stessi? Collegali con una freccia.

1	Youtuber di 40 anni parlando alla videocamera	俺
2	Ragazzino delle medie parlando con gli amici	あたし
3	Ragazza di 25 anni parlando con sua mamma	僕
4	Professoressa universitaria parlando alla sua classe	私

LE SOLUZUONI SONO A PAGINA **145**!

Dai, è andata anche questa!

てめえ！
Bast*rdo!

LEZIONE 7
I NOMI
DI COSA
名詞

すい　しゃ
水車　＝　IL MULINO
AD ACQUA

ACQUA

VEICOLO/MACCHINA

"Ciao! Ho scoperto per caso il tuo canale! Spero farai tanti video di lezione, sarebbe molto utile, ultimamente ho in testa la fissa di imparare un po' di giapponese... un giorno spero di visitarlo e... grazie per quello che stai facendo!"

Maria Isabel D.

Ed è finalmente giunto il momento di cominciare a formare qualche <u>bella frase</u> di senso compiuto! Iniziamo questa avventura vedendo nel dettaglio i NOMI DI COSA, che in *grammatichese* si chiamano <u>SOSTANTIVI</u>. Un argomento davvero semplice e intuitivo.

CHE COSA SONO?

I **NOMI DI COSA** *(o sostantivi)* sono proprio LE COSE, animate o inanimate... Come:

Ah!

> **COMPUTER** | **LIBRO** | **FUMO** | **PERSONA**
> **SPERANZA** | **FERIE** | **VERITÀ** | **GERMANIA**

Insomma, i SOSTANTIVI sono *"un qualcosa"*. Facilissimo, no? Li possiamo vedere nelle frasi:

IO HO TRE <u>CANI</u>   **LO** <u>SMARTPHONE</u> **È QUI**   **LEI DICE SOLO** <u>BALLE</u>

SONO "UNIVERSALI"

In italiano abbiamo dei NOMI che sono grammaticalmente `MASCHILI` (caff**è** - tavol**o** - ragazz**o**), dei nomi `FEMMINILI` (pizz**a** - Americ**a** - solitudin**e**), e c'è persino la versione `PLURALE` dei nomi (macchin**e** - raviol**i** - studentess**e**). Qui sta il bello... I nomi giapponesi

> **NON HANNO** GENERE   **NON HANNO** NUMERO

Avete capito bene: non sono né maschili nè femminili, né singolari né plurali! <u>Sono tutti UNIVERSALI</u>, *"unisex"*! Prendiamo per esempio il sostantivo **GATTO**:

GATT<u>O</u> ← **NEKO** 猫 → GATT<u>A</u>
GATT<u>I</u> ← → GATT<u>E</u>

Cioè, se leggo 先生 non posso capire se è <u>UN</u> prof, <u>DUE</u> prof o <u>LA</u> prof!?

Quindi **NEKO** potrà voler dire **GATT<u>O</u>**, **GATT<u>A</u>**, **GATT<u>I</u>** o **GATT<u>E</u>**. Significa tutto! C'è **NEKO** e basta. Si capirà dal <u>contesto</u> di cosa si parla.

⚠️ Agli esseri viventi si può aggiungere **TACHI** (*quello per dire NOI ecc*) per il plurale = 猫たち **GATTI/GATTE**, ma è raro.

> Già... I **verbi** come **MANGIARE**, **BERE** e **LEGGERE** hanno la *parte iniziale* in **KANJI**!

Ed ecco qualche esempio, per vedere anche come si costruiscono le FRASI. Iniziamo con **IO MANGIO UNA MELA**, che diventa:

NOME di cosa →

IO は | **UNA MELA** | MANGIO

parlando di... ←

Come vedete, all'inizio della frase possiamo trovare **UN ARGOMENTO** contrassegnato dalla particella di tema は WA, mentre il VERBO (*mangio*) va alla fine! Ecco altre frasi:

Il kanji di MELA 林檎 è complesso e spesso si scrive in HIRAGANA

ore wa | ri go | ta be ru
俺は | りんご | 食べる
IO MANGIO UNA MELA

kanojo wa | te re bi | mi ru
彼女は | テレビ | 見る！
LEI GUARDA LA TV !

Dall'inglese TELEVISION ←

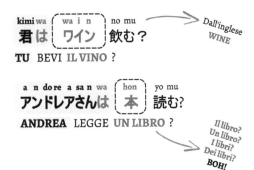

kimi wa | wa i n | no mu
君は | ワイン | 飲む？
TU BEVI IL VINO ?

Dall'inglese WINE →

a n do re a san wa | hon | yo mu
アンドレアさんは | 本 | 読む？
ANDREA LEGGE UN LIBRO ?

Il libro? Un libro? I libri? Dei libri? **BOH!**

COME SI SCRIVONO?

Come abbiamo già accennato a pagina 32, i **NOMI DI COSA** si scrivono interamente in **KANJI**, quindi li riconoscerete subito all'interno di una frase, perché sono dei *"grumi densi"*... Per esempio:

IL PUNTO
I sostantivi li scrivo in KANJI ma se non li ricordo posso usare lo HIRAGANA

inu
犬
CANE

UN CANE SDRAIATO

ame
雨
PIOGGIA

IL CIELO CON LE GOCCE DI PIOGGIA

ie
家
CASA

UN MAIALE SOTTO UN TETTO

ni hon
日本
GIAPPONE

LA RADICE 本 del SOLE 日

E come sappiamo già, i KANJI sono disegni stilizzati di qualcosa di REALE. Vedete? ↑

Ma come facciamo quando non ci ricordiamo come si **scrivono** o **leggono** dei kanji? Niente di più facile: ovviamente scriveremo il sostantivo in HIRAGANA! *Però non abusiamone...*

Ah! Pensate che ci sono **NOMI** con kanji così **complessi** che per praticità si scrivono quasi sempre in hiragana o katakana, come **MELA** = 林檎 - りんご - リンゴ.

Praticamente tutto il Giappone è disseminato da milioni di **DISTRIBUTORI AUTOMATICI** (自動販売機 JIDOU-HANBAIKI) dai quali si posso acquistare bibite, *snack*, zuppe, caffè, ma anche *manga*, ombrelli o mutande... Insomma, un po' di tutto. E sono ovunque!

⚠ Alcuni NOMI hanno il **FINALE** in hiragana → come per esempio: 願い NEGAI (preghiera)

パスタはどこ？
LA PASTA DOV'E?

E I NOMI STRANIERI?

Certo, i **NOMI DI COSA** *"originali giapponesi"* si scrivono in <u>kanji</u>, ma quelli che derivano dalle lingue straniere si scrivono in KATAKANA! In effetti anche in giapponese tantissime **parole di uso comune derivano da altre lingue** , proprio come accade qui da noi, che usiamo parole come *TAXI* o *COMPUTER*. Adattandole alla **fonetica** giapponese otteniamo:

ta ku shi i タクシー **TAXI**	ko n pyu u ta a コンピューター **COMPUTER**	e a ba g gu エアバッグ **AIR-BAG**	me nyu u メニュー **MENÙ**

Ma attenzione perché <u>vale la stessa regola</u> per i **NOMI DI COSA** *"normali"*, ovvero: non c'è né genere né numero! Quindi バナナ **BANANA** significa **"banan<u>a</u>"** o **"banan<u>e</u>"**.

Questo ideogramma vuol dire ELETTRICITÀ . Nella parte superiore abbiamo il kanji di pioggia (雨) mentre sotto troviamo una saetta molto stilizzata. Quindi dall'idea di *"temporale"* è nato il concetto di **ELETTRICITÀ**. Occhio che ha solo la pronuncia DEN ! Che fortuna...

KANJI SENZA SENSO

Come abbiamo già visto, in teoria si può risalire al <u>significato</u> dei **KANJI** analizzando il loro disegno, ma purtroppo non è sempre possibile... Perché ci sono dei kanji *"assegnati"*. Cioè?

Quando ancora non esisteva lo HIRAGANA, i giapponesi scrivevano le loro parole con i KANJI cinesi che avevano **il significato corrispondente** (*pensa a te...*). Ma ogni tanto questo processo non andava a buon fine, e alcune parole furono trascritte con <u>dei kanji a caso</u>!

O, per meglio dire, furono trascritte con dei **KANJI** dalla **pronuncia "adatta"**. Un esempio è:

 Ah.

Il kanji di AUGURI ⟵   SU SHI   ⟶ Il kanji di SVOLGERE
che aveva *"per caso"*   寿司   che aveva *"per caso"*
la pronuncia SU   la pronuncia SHI

Quindi SUSHI vuol dire letteralmente *"facciamoci gli auguri"*? Lo so, a volte serve pazienza...

PER I SOSTANTIVI SI USA LA "LETTURA ALLA GIAPPONESE", QUELLA "KUN"? VERO?
Chiaramente quando un sostantivo è composto da <u>UN solo</u> kanji si pronuncerà "alla giapponese", mentre quando è composto da <u>DUE</u> o più kanji questi si leggeranno "alla cinese". Per esempio, il kanji di **MACCHINA** 車 *si legge KURUMA, e quindi in "giapponese puro" MACCHINA si dice proprio KURUMA! Ma se lo trovassimo vicino a un altro kanji lo dovremo leggere SHA... Ecco un esempio interessante:* 電車 **DENSHA**, *letteralmente "macchina elettrica", significa TRENO!*

pa su ta wa do ko da
パスタはどこだ?
LA PASTA DOV'ÈÈÈ?

IL VERBO ESSERE

Ora che abbiamo visto i **NOMI DI COSA** e persino come si costruisce una **FRASE DI BASE**, è arrivato il momento di compiere il passo successivo: imparare il **VERBO ESSERE**! Anzitutto, come abbiamo già visto, esistono principalmente <u>DUE</u> modi di parlare, ovvero:

> **FORMA PIANA**

> **FORMA CORTESE**

Guardatevi la LIVE su YouTube!

> じゃない JANAI è in realtà l'abbreviazione di ではない DEWANAI (は è tema...). Insomma, il では DEWA si contrae in じゃ JA! Lo approfondiremo nel 2° libro.

Se ricordate, **DESU** fa parte della **FORMA CORTESE** e si aggiunge <u>in più</u> alla fine della frase per trasmettere **gentilezza**, ma:

1) <u>NON</u> è obbligatorio
2) <u>NON</u> è il verbo essere

Capito!

E quindi come si dice sto *benedetto* **VERBO ESSERE**? In realtà abbiamo ben <u>TRE</u> scelte per poterlo esprimere! Prendiamo per esempio una frase di **PRESENTAZIONE**:

boku wa i ta ri a jin
僕はイタリア人 ...
IO SONO **ITALIANO**

Il **VERBO ESSERE** affermativo (*sono*) non è obbligatorio e <u>si può tralasciare</u>! Però è una frase **INFORMALE** e quindi **poco adatta** alle presentazioni, ma è *grammaticalmente* giusta!

boku wa i ta ri a jin de su
僕はイタリア人 です
IO SONO **ITALIANO**

Il **DESU** si può aggiungere <u>al posto</u> del **verbo essere** affermativo (*sono*) per esprimere una frase **FORMALE**. Ma è comunque <u>in più</u>, e **non** è il verbo essere.

boku wa i ta ri a jin da
僕はイタリア人 だ
IO SONO **ITALIANO**

DA è **INFORMALE** ed è il VERO verbo essere! Ma esprime molta <u>FORZA</u> e <u>determinazione</u>, della serie: *IO SONO ITALIANOOO!!!*

Accantoniamo <u>DESU</u> (*che per ora useremo solo nelle PRESENTAZIONI*) e vediamo il **VERBO ESSERE** (だ DA) e le sue **coniugazioni** in forma <u>piana</u>:

Solo だ non è obbligatorio! Gli altri tre sì!

| da だ **SONO** | da t ta だった **ERO** | ja na i じゃない **NON SONO** | ja na ka t ta じゃなかった **NON ERO** |

kimi wa a me ri ka jin da
君はアメリカ人だ
<u>TU</u> SEI AMERICANOOO!!!

kare wa sen sei da t ta
彼は先生だった
<u>LUI</u> ERA UN INSEGNANTE

boku wa ni hon jin ja na i
僕は日本人じゃない
<u>IO</u> NON SONO GIAPPONESE

pa su ta ja na ka t ta
パスタじゃなかった
NON ERA PASTA

DA è per le frasi che esprimono sorpresa, tipo 寿司 だ= È SUSHI!! Per evitare questo *effetto* e dire un verbo essere "*normale*", è meglio non usare niente.

I **VERBI** hanno la parte iniziale in *kanji*, ma だ DA è tutto in **HIRAGANA** (*nel 2° libro capiremo perché*). Ah, le forme dei verbi sono sempre uguali, che si parli di <u>IO, LEI, NOI</u>...

DIALOGO

Dai, siamo davvero fortunati che l'argomento **NOMI DI COSA** sia così facile. Sono tutti UNISEX, _senza genere e senza numero_! L'unico problema è impegnarsi un attimo sui kanji, ma quello è un altro discorso... Bene, nel **DIALOGO** di questa lezione i protagonisti sono due amici che stanno visitando un parco zoologico. Vediamo cosa si dicono!

A NO DOU BUTSU WA KO A RA
あの 動物 はコアラ？

I YA   SA RU DA
いや、さるだ！

Quell'animale è un koala? No, è UNA SCIMMIA!!!

SA RU   INU JA NA I
サル？犬じゃない？

NE   ME GA NE KA KE TE
ね、メガネかけて！

Una scimmia? Ma non è un cane? Oh, mettiti gli occhiali!

U U MU   ME GA NE WA DO KO
う～む、メガネはどこ？

A   SO U   INU DA T TA
あ、そう！犬だった...

Uhmmm, ma gli occhiali dove sono? Ah, già! Era un cane...

じゃあね〜
A PRESTOOO!

ANALISI del TESTO

Avete visto? Nel dialogo sono apparsi parecchi **NOMI DI COSA**, e persino delle coniugazioni del **VERBO ESSERE**! Fantastico... Ah, ricordiamoci che in questo caso stanno parlando due amici, e per questo stanno usando la forma piana *(ovvero senza DESU)*. Ma adesso analizziamo per bene il dialogo per fissare i concetti appresi nella lezione!

動物 ANIMALE
COSA 物
che SI MUOVE 動

La ragazza inizia con あの動物は ANO DOUBUTSU WA . La parola **ANO** *(non ridete...)* significa "quel", mentre 動物 **DOUBUTSU** vuol dire "animale". Aggiungendo anche la particella は WA (riguardo a...), otterremo: あの動物は RIGUARDO QUELL'ANIMALE. Il punto è che "animale" è un NOME, e va scritto in kanji! Attenzione che la frase potrebbe voler dire anche **"riguardo quegli animali"** (al plurale)...

Proseguiamo con コアラ KOARA . *Cosa vorrà mai dire...?* Ovvio, "koala"! Certo, è un NOME DI COSA, ma questa volta **non è propriamente giapponese** e andrà scritto in KATAKANA. Siccome la ragazza sta usando il linguaggio INFORMALE, qui il verbo essere affermativo non è necessario (ma in italiano sì): あの動物はコアラ？ = QUELL'ANIMALE (È) UN KOALA? Poi si corregge e dice subito いや IYA , un modo leggermente *"sciolto"* per dire "no", e infine esclama さるだ! SARU DA! . La parola **SARU** significa "scimmia" ed è... *esatto*, un NOME DI COSA. Certo, in teoria si scriverebbe in kanji (猿), ma può risultare leggermente complesso per alcuni giapponesi, e per questo motivo si scriverà quasi sempre in **HIRAGANA**.

Ma soffermiamoci sul DA, che è il vero **VERBO ESSERE** *(versione informale! Quella formale la vedremo nel 2° libro)*. Però occhio: usare だ DA nudo e crudo così com'è esprime molta FORZA e convinzione, tipo **"È UNA SCIMMIAAAA!!!"**. In questo caso è appropriato perché la ragazza sta urlando con decisione, ma attenzione a come lo usate! In *manga* e *anime* è usato tantissimo...

Solo だ ha questa *"potenza"*. Le sue versioni だった,じゃない e じゃなかった si possono usare *senza problemi!*

E il ragazzo risponde con サル？SARU? . Questa volta la parola "scimmia" è scritta in KATAKANA perché questo sillabario spigoloso ha **il potere di ENFATIZZARE** e far *risaltare* una parola (anche se non è di origine straniera). Quindi sarebbe = **"Una *SCIMMIA*?"**. Poi prosegue con 犬じゃない？ INU JANAI? , ovvero "Non è un cane?". Qui abbiamo **"cane"** scritto in KANJI (犬) e il **VERBO ESSERE** nella sua forma negativa *(non è)*: じゃない. E infine esclama ね NE , che equivale al richiamo "ehi!" oppure "oh!", e subito dopo continua con メガネかけて! MEGANE KAKETE! . Il verbo **KAKETE** significa "mettere", ma qui il punto è la parola メガネ (occhiali). Come vedete è scritta in KATAKANA, ma in realtà MEGANE è un nome di cosa GIAPPONESE! Infatti si scriverebbe in kanji = 眼鏡, ma questi sono un po' rari e quindi spesso **saranno sostituiti da KATAKANA o HIRAGANA (めがね)**.

E così la ragazza si mette a cercare gli occhiali nella borsa dicendo う〜む UUMU , ovvero "uhm". Il trattino ondulato è per dare un *effetto di allungamento molto espressivo*... Continua con メガネは MEGANE WA , quindi **"per quanto riguarda gli occhiali"**, e prosegue con どこ？ DOKO? che significa "dove". Già! Il verbo essere affermativo (だ DA) **non è necessario**! Quindi, メガネはどこ？= GLI OCCHIALI DOVE (sono)? Li indossa ed esclama あ、そう! A SOU! , "ah, già!", e infine 犬だった INU DATTA , "era un cane". Ricordate? だった **DATTA** è **il verbo essere** al PASSATO (era)!

眼鏡
specchi
per
gli occhi

動 **MUOVERSI** うごく/ドウ	物 **COSA** もの/ブツ	猿 **SCIMMIA** さる/エン
犬 **CANE** いぬ/ケン	眼 **BULBO OCULARE** め/ガン	鏡 **SPECCHIO** かがみ/キョウ

犬だ です
犬じゃない です

犬だった です
犬じゃなかった です

*Il **VERBO ESSERE** (だ) ha una sua versione FORMALE, ma **per ora** aggiungiamo DESU alla versione piana...*

練習
ESERCIZI

Tra un po' svengo... davvero...

1 Quali sono le due **caratteristiche** principali dei NOMI DI COSA giapponesi?

2 Quale **sistema di scrittura** si usa per i NOMI DI COSA?

3 Scrivi in giapponese la frase formale **"SONO DEI LIBRI"** e la sorpresa **"SONO DEI LIBRIII!"**

4 Prova a tradurre le frasi **"LUI NON È ITALIANO"** e **"LUISA ERA LA MIA RAGAZZA"**

5 Traduci questi **NOMI DI COSA** usando il sistema di scrittura più adeguato tra hiragana, katakana e kanji!

CANI [   ]   PERSONA [   ]

SUSHI [   ]   OCCHIALI [   ]

MENÙ [   ]   GATTO [   ]

ITALIA [   ]   MELE [   ]

VINI [   ]   CASA [   ]

LE SOLUZUONI SONO A PAGINA 145!

Ormai ne sappiamo più dei giapponesi

LEZIONE 8
LE PARTICELLE
助詞

てい でん
停電 = INTERRUZIONE DI ENERGIA (blackout)

FERMARSI   ELETTRICITÀ

"Sei veramente bravo!!! Ti adoro, ti ho scoperto pochi minuti fa e già ho divorato tutte le lezioni, ti prego non smettere di fare questi video strepitosi!!! Dovresti veramente insegnare tu agli insegnanti veramente! Complimenti!!! Sei simpatico, divertente, chiaro, semplice ed intuitivo al 100%"

The Paradise Nails

LE PARTICELLE
助詞

Inizia il bello...

In questa lezione tratteremo le **PARTICELLE GRAMMATICALI**, cominciando dalla particella di TEMA は WA, che abbiamo incontrato parecchie volte nel corso delle lezioni... Ma cosa sono le particelle? Come si usano? A cosa servono? Ora ve lo spiego. *Tutti pronti?*

MARCANO GLI ELEMENTI

Si scrivono in HIRAGANA!

Le **PARTICELLE** sono <u>la base della grammatica</u>, ovvero i *pilastri* su cui si regge la lingua giapponese. Sono singole SILLABE HIRAGANA che hanno varie funzioni, e:

SI METTONO <u>DOPO</u> GLI ELEMENTI CHE MARCANO

Mi raccomando! Vanno sempre <u>DOPO</u> l'elemento, proprio come in 私は **WATASHI WA** , ovvero "parlando di... io". Considerate **WATASHIWA** come <u>un unico blocco</u>, una cosa sola! Vediamo una FRASE BASE con dentro alcune particelle. Dai, usiamo questo ordine qui:

Quindi は WA e を WO <u>non</u> si possono tradurre direttamente...

ARGOMENTO	DOVE?	COSA?	VERBO
ore wa	tou kyou de	su shi wo	ta be ru
俺は	東京で	寿司を	食べる
IO	MANGIO	IL SUSHI	A TOKYO

Ormai sappiamo che mettendo la particella は WA dopo 俺 ORE, "IO" diventa il TEMA della frase. Poi troviamo **TOUKYOU<u>DE</u>**, con la particella で DE che indica IN/A. A seguire, **SUSHI<u>WO</u>**, dove を WO marca il *COMPLEMENTO OGGETTO*, ovvero l'elemento che risponde alla domanda "CHE COSA?".

MANGIO che cosa?
IL SUSHI 寿司を

E alla fine troviamo il <u>VERBO</u>, 食べる **TABERU** (*mangiare*).

COME SI DICE "A TOKYO"? CIOÈ, CHE DIFFERENZA C'È TRA "TOKYO <u>DE</u>" E "TOKYO <u>DE WA</u>"?
La particella は WA *si può "fondere" con le particelle* に NI *e* で DE *per aiutarle a* diventare *il TEMA! Quindi se dico TOKYO DE **WAIN WO NOMU** sto dicendo **"Bevo il vino a Tokyo".** L'elemento "A TOKYO" non è il tema, in questo caso. Se invece dico TOKYO DE <u>WA</u> **WAIN WO NOMU** sto "elevando" "A TOKYO" a tema/argomento della frase, esprimendo quindi A TOKYO (INVECE) **BEVO IL VINO**.*

WA は — TEMA

Occhio che si legge **WA** e non **HA** se è particella! Dunque, l'elemento marcato da は **WA** diventa **il TEMA della frase**, ovvero l'argomento su cui parlare. In italiano non si può tradurre direttamente, ma l'effetto che da è sempre "parlando di..." oppure "riguardo a...".

i ta ri a **wa** shi ma ja na i
イタリア は 島じゃない
L'ITALIA NON È UN'ISOLA

wa i n **wa** nomu
ワイン は 飲む?
IL VINO, LO BEVI?

GA が — CHI FA L'AZIONE?

が **GA** invece marca l'elemento che semplicemente COMPIE L'AZIONE, e NON è il tema! Quindi **NON ha la sfumatura "parlando di..." o "riguardo a..."**, e solitamente l'effetto che rende が **GA** in italiano lo otteniamo usando l'ordine **VERBO+**SOGGETTO (l'opposto di は).

pa su ta **ga** de ki ta
パスタ が できた!
È PRONTA LA PASTA!

na ni ki mi **ga** ya ru ⚠
なに? キミ が やる?
COSA? LO FAI TU?

(W)O を — CHE COSA?

La particella を (che si legge **uO**) accompagna solamente quello che in italiano chiamiamo **COMPLEMENTO OGGETTO**, ovvero l'elemento che risponde alla domanda CHE COSA?.
Esempio = IO BEVO UNA BIRRA.
Io bevo... CHE COSA? = una birra (ビールを).

a na ta wa bi i ru **wo** nomu
あなたは、ビール を 飲む?
TU INVECE, BEVI UNA BIRRA?

ashita wa ni hongo **wo** benkyou su ru
明日は 日本語 を 勉強 する!
E DOMANI STUDIO GIAPPONESE!

MO も — ANCHE

Questa super-particella significa **ANCHE**, e se è presente sostituisce completamente sia は **WA**, sia が **GA**, sia を **WO**! Facile, ma ricordiamoci che **SOSTITUISCE** le altre tre, e quindi non possono essere scritte insieme... Ovvero, **"ANCHE IL VINO"** non si dice ワインがも ecc. ✗

fu ran su **mo** shi ma ja na i
フランス も 島じゃない
ANCHE LA FRANCIA NON È UN'ISOLA

ke e ki **mo** de ki ta
ケーキ も できた!
È PRONTA ANCHE LA TORTA!

NO の — DI

の **NO** esprime quello che in inglese si chiama *"genitivo sassone"*, ovvero **il POSSESSIVO!** Cioè significa DI/DELLO/DEL/DELLA ecc, ma il problema è che va messo sempre DOPO il possessore, come in inglese. Per esempio, "DI **TOKYO**" si dirà 東京の. Sempre **al contrario!**

da vi de **no** hon da
ダヴィデ の 本だ!!!
È **IL LIBRO** DI DAVIDE!!!

ni hon wa a ji a **no** kuni
日本 は アジア の 国
IL GIAPPONE È UNO STATO DELL'ASIA

NI に — DOVE (è)? A CHI?

La particella に **NI** va messa dopo i luoghi per indicare **"IN"** oppure **"A"**. Ma occhio perché si usa se nella frase c'è un **verbo di ESISTENZA**, come per esempio **"esserci"**, **"esistere"** oppure **"abitare"**.
Ma non solo, perché に si può usare anche per dire **"scrivere SU..."** o **"dare A..."**.

sa ra wa ni hon **ni** su n de i ru
サラは 日本 に 住んでいる?
TU (SARA) **ABITI** IN GIAPPONE?

megane wo aki ko **ni** a ge te
メガネを 明子 に あげて!
DAI GLI OCCHIALI AD AKIKO!

DE で — DOVE (fa)? CON COSA?

で **DE** è molto simile a に **NI**, ovvero esprime **"IN"** o **"A"**, ma il problema è che で **DE** si usa con i **verbi di AZIONE**, come "mangiare", "fare" o "leggere"... Quindi praticamente tutti i verbi tranne *"esserci"*, *"abitare"* ecc.
Ah, inoltre può significare anche **"CON la bici"**, **"CON l'aereo"**...

ashita kyouto **de** ra a me n wo ta be ru
明日、京都 で ラーメンを食べる
DOMANI **MANGIO** I RAMEN A KYOTO

ro o ma wa kuruma **de** i ku
ローマ は、 車 で 行く
RIGUARDO ROMA, CI VADO IN AUTO

やる = *come* する *vuol dire* **FARE** *ma è più grezzo e pratico*

TO と	**E** *"virgolette"*	La particella と TO esprime esattamente la congiunzione E tra un elemento e l'altro, come in **"SUSHI E SASHIMI"** = 寿司と刺身. Però と TO viene anche usata subito <u>DOPO I DIALOGHI</u>, come se rappresentasse le DUE VIRGOLETTE = *"queste qui"*. Esempio: la frase **DIRE** *"NO"* si esprime con = 「NO」と言う.	ni hon **to** chuugoku wa chikai 日本 と 中国 は 近い？ **IL GIAPPONE E LA CINA** SONO VICINI? shin ji ga o kaa san **to** i tta 真司が「お母さん」 と 言った！ SHINJI HA DETTO "MAMMA"!
E へ	**VERSO**	Lo hiragana へ HE, se usato come particella, si leggerà sempre E, mi raccomando! In realtà questa particella assomiglia al に NI di prima, quindi *si usa con i LUOGHI* e si traduce con "IN" o "A", ma dà più l'effetto di movimento "VERSO" o "IN DIREZIONE DI". Per indicare il luogo più *"precisamente"* si può sostituire con に NI!	a no densha wa nishi **e** i ku あの電車 は 西 へ 行く **QUEL** TRENO VA <u>VERSO OVEST</u> nihon **e** yo u koso 日本 へ ようこそ！ BENVENUTI <u>IN GIAPPONE</u>!
KA RA から	**DA**	から KARA è una delle poche particelle composte da <u>DUE</u> segni hiragana! Il suo utilizzo è davvero molto semplice: esprime **la PROVENIENZA**, ovvero DA/DAL/DALLA ecc, come in DALL'**ITALIA** = イタリアから. Si usa sia con i luoghi che con gli <u>orari</u> (DALLE 3:00).	kimino ie wa na po ri **ka ra** too i 君の家 は ナポリ から 遠い？ CASA TUA È **LONTANA** <u>DA NAPOLI</u>? i ya boku **wa** i n do **ka ra** ki ta いや、僕 は インド から 来た！ NO, **IO** SONO VENUTO <u>DALL'INDIA</u>!
MA DE まで	**FINO A**	Anche まで MADE è composta da DUE hiragana! Questa particella fa praticamente **coppia con から KARA**, ed è il suo opposto: significa "A..." oppure **"FINO A..."**. Quindi, la frase "DA ROMA A MILANO" si dirà ローマからミラノまで = **ROOMA** KARA **MIRANO** MADE. Facile, vero?	ba i ku de su pe in **ma de** to バイクで スペイン まで 、と？ **IN MOTO** <u>FINO IN SPAGNA</u>, HAI DETTO? koko **made** wa o o ke e ここ まで は、オーケー！ E <u>FINO A QUI</u>, TUTTO OK!

手の
 <u>DELLA</u> **MANO**
 te no **yubi** ga ita i
 手の指が 痛い...
 MI FA MALE **IL DITO** <u>DELLA MANO</u>...

In risposta a:
 CHE TEMPO FARÀ?

kyou **to** ashita wa ame
 今日と明日は 雨！
 OGGI E DOMANI PIOGGIA!

彼は、コメントになにを書く？
 nel *parlato*, は e を *sono spesso tralasciate!* (a pagina 55 ci va を)

なに *significa* **COSA?**
 e ci andrebbe を.
 なに？ **COSA?**
 (scrive?)

女の**子**
 BAMBINO <u>DI DONNA</u>
 quindi letteralmente
 BAMBINO <u>DI GENERE "DONNA"</u>

kare ko men to ni na ni **ka ku**
 彼、コメントに なに書く？
 LUI COSA **SCRIVE** <u>NEL COMMENTO</u>?

a na ta **mo** onna no ko ja na i
 あなたも 女の子じゃない？
 <u>ANCHE TU</u> SEI **UNA RAGAZZA**, NO?

Non sei anche tu una ragazza?

Il mese di aprile in Giappone è famoso per lo 花見 HANA-MI, parola che letteralmente significa **GUARDARE (見) I FIORI (花)**. In pratica lo **HANA-MI** consiste nel contemplare l'effimera fioritura dei ciliegi facendo pic-nic. Effimera perché dura <u>solo una settimana</u> l'anno!

⚠️ *に NI si usa non solo con i verbi di esistenza, ma anche con* 行く *IKU (andare)!* 日本に行く = *andare a Tokyo.*

-Hai mai perso il treno per soli 5 secondi?
-IL TRENO... MAI.
(ma altri mezzi sì)
電車は

WA vs GA

Moltissimi studenti confondono le particelle は WA e が GA, ma in realtà sono <u>ben diverse</u> e non hanno NULLA in comune! Vi svelo **un trucco**... Quando c'è は WA dovete immaginarvi questo:

は WA si può <u>tralasciare</u> per evitare l'effetto "INVECE" che porta con sé. Come in 明日、行く ASHITA IKU (*domani ci andiamo*), piuttosto che 明日は行く ASHITA WA IKU (*domani, invece, ci andiamo*).

RIGUARDO AL... TRENO

DEN SHA WA
電車は

È UN MEZZO
NO
MAI
È BLU
ARRIVA

Ovvero, fate conto che dopo は WA si apra un <u>GRANDE CERCHIO</u> dentro il quale possiamo ficcarci qualsiasi informazione! Il **TEMA** della frase 電車は DENSHA WA (*per quanto riguarda il treno*) rimane FUORI dal cerchio, e di conseguenza ci sarà sempre (ripeto: sempre) **una pausa dopo la particella** は WA . *Mi raccomando! Fate* <u>una pausa dopo WA</u>.

D'altro canto, が GA è esattamente il contrario: l'elemento marcato da が GA è molto legato alla frase... Insomma, è <u>DENTRO</u> il cerchio! Per questo motivo l'elemento con が GA è **molto più coinvolto nella frase**. Quindi dopo **GA** <u>non c'è mai la pausa</u>! Si legge tutto legato.

道

L'origine del kanji di STRADA è un po' *horror*... In basso abbiamo una linea che rappresenta *una via*, e sopra *una testa (un occhio e dei capelli)*. Deriva dal rito con cui si purificavano le **STRADE** portando con sé la testa mozzata dei nemici! Questo kanji si legge MICHI oppure DOU .

Interscambiando は WA e が GA avremo **sfumature** ben diverse! Proviamo a sperimentare un po':

IO lo mangio
Lo mangio IO

IL PUNTO
は si esprime con "soggetto + verbo" e が con "verbo + soggetto"!

den sha wa ki ta
電車は来た
IL TRENO... È ARRIVATO

IL TRENO.
Il bus, non so...
ESCLUDO IL RESTO

NOTIZIA
Mi accorgo che è arrivato IL TRENO e lo dico

den sha ga ki ta
電車が来た!
È ARRIVATO IL TRENO!

TU, invece?
CAMBIO ARGOMENTO

ki mi wa ta be ru
きみは食べる？
TU... LO MANGI?

ki mi ga ta be ru
きみが食べる?
LO MANGI TU?

SOTTOLINEO
Colui che lo mangia SEI TU?

は WA	が GA
NUOVO ARGOMENTO *Riguardo a...*	**NOTIZIA O NOVITÀ** *È successo così!*
CAMBIO ARGOMENTO *Questo, invece...*	**SOGGETTO NEL "CERCHIO"** *(pagina 97)*
ESCLUSIVITÀ *Non quello, ma questo...*	**SOTTOLINEARE** *L'ha fatto LUI, non lei...*

Ok

Se guardo il quadro di un amico e dico 色は好き IRO **WA** SUKI, sto dicendo "I COLORI... MI PIACCIONO", ovvero *"il resto mi fa schifo"*. Con 色が好き esprimo "**MI PIACCIONO I COLORI!**" nel senso di *"Che bei colori!"*.

DIALOGO

Finalmente ce l'abbiamo fatta! Siamo entrati nell'*epicentro* della grammatica giapponese... Una volta capite bene **le PARTICELLE**, la 道 davanti a voi verso la costruzione di frasi complesse sarà liscia come l'olio. L'importante è **fare un po' di pratica** e vedere le PARTICELLE all'opera! E quindi via con il DIALOGO di 2 amici alla fermata dell'autobus.

OO SAKA MA DE WA BA SU DE
大阪まではバスで
I KU   NE E   CHI KE T TO WA
行く！ねえ、チケットは？

Fino ad Osaka ci andiamo in autobus! Ohh, ma i biglietti?

BA SU NO CHI KE T TO T TE
バスのチケットって？

ORE WA PO KE T TO NO NAKA NI A RU
俺はポケットの 中にある

I biglietti dell'autobus, dici? Io ce l'ho in tasca.

U N   A TA SHI MO
うん、あたしも！

Sì, anche io!

みなさん、こんばんは
lett.: signori, riguardo **stasera**
BUONASERA A TUTTI

ANALISI del TESTO

Già... Le **PARTICELLE** giapponesi sono tante, ma sono troppo importanti! Fate lo sforzo di capire il loro significato e il vostro sogno di parlare e comprendere il giapponese si avvicinerà sempre di più. Nel **DIALOGO** ne sono apparse un bel po', avete notato? E allora vediamo di <u>analizzare bene tutto il testo</u> per fare un ripasso generale. Un bel respiro e... *via!*

L'amica comincia con 大阪までは OOSAKA MADE WA . Se ricordate, la particella まで **MADE** significa "fino a...", e, come tutte le particelle, <u>si mette **DOPO** l'elemento</u> che marca! Quindi abbiamo 大阪まで = **fino a Osaka**. Ma questa parte è diventata un TEMA grazie alla particella は **WA**, che **si può unire ad altre particelle!** Ovvero 大阪までは = **"parlando di... fino a Osaka"**. Continuando troviamo バスで行く BASU DE IKU . La particella で **DE** si usa con i **mezzi di trasporto** per esprimere "con.../per mezzo di...", e ovviamente si metterà DOPO il mezzo. Quindi バスで = "con l'autobus". Alla fine abbiamo il verbo 行く **IKU** (*radice in kanji e coniugazione in hiragana!*) che significa "andare". Siccome i verbi giapponesi rimangono sempre uguali per tutte le persone, la frase バスで行く **BASU DE IKU** significa in generale "ANDARE IN AUTOBUS", ma in questo caso va interpretata = **"Fino ad Osaka, ci andiamo in autobus** *(noi)***"**.
Le vengono in mente i biglietti e dice ねえ NEE "ehii". Infine チケットは? CHIKETTO WA?
La parola チケット sarebbe la *katakanizzazione* di "ticket", "biglietto". La particella che la marca è は **WA**, quella di <u>TEMA</u>! Quindi, チケットは? = **"E i biglietti? E per quanto riguarda i biglietti?"**. Fino ad ora ha parlato del fatto che sarebbero andati a Osaka in autobus, ma <u>poi cambia discorso</u> e lo fa con は **WA**, esprimendo proprio **"riguardo i biglietti, invece?"**.

> OOSAKA MADE WA... è come rispondere alla domanda *"E FINO A OSAKA COME CI ANDIAMO?"*

> CHIKETTO significa **BIGLIETTO** o **BIGLIETTI**

L'amico risponde con バスのチケット BASU NO CHIKETTO , ovvero "i biglietti dell'autobus". La particella の **NO** esprime il POSSESSIVO (di/del/della...), ma si mette <u>DOPO il possessore!</u> Quindi バスの = "dell'**autobus**". Ma quel って TTE subito dopo? In realtà sarebbe la particella と **TO**, che si può utilizzare **dopo i dialoghi** come fosse le "virgolette", e in questo caso si può contrarre in って **TTE**. Cioè il *"dialogo virgolettato"* è バスのチケット. L'effetto che crea la particella と **TO** è = バスのチケットって? = **"il biglietto dell'autobus, dici?"**.
Infine aggiunge 俺は ORE WA , **"per quanto riguarda me** *(gli altri non lo so)***"**, e continua con la parte ポケットの中 POKETTO NO NAKA . La parola ポケット deriva da... *"poket"*, ovvero "tasca". Aggiungendoci anche la particella の **NO**, otteniamo ポケットの = "della tasca". Tutto ok fino a qui? 中 **NAKA** significa "dentro", quindi: ポケットの中 = "dentro della tasca".
Ma appiccichiamoci la particella に NI , che risponde alla domanda *"DOVE? IN CHE COSA?"* e si traduce spesso con "in". Il problema è che に **NI** si usa con i VERBI DI ESISTENZA! In questo caso abbiamo ある ARU , che vuol dire proprio "esserci", nel senso di "esistere", e come tutti i verbi **va alla fine**. Quindi abbiamo ポケットの中に **ある** = *"nel dentro della tasca c'è"*, ovvero: "è dentro la tasca". Avete notato che il TEMA della frase *(俺は ORE WA)* resta fuori? Con 俺はポケットの中にある sta dicendo = **"Io... Per quanto riguarda me...** *(pausa)* **è dentro la tasca"**. La parte con **WA** è *staccata* dal resto!

> **ARU** si scriverebbe 有る

La ragazza mette una mano in tasca ed esclama うん、あたしも UN, ATASHI MO , che significa **"Sì, anche io!"**, con la particella も **MO** che si traduce con "anche".

大 **GRANDE** おおきい/ダイ	阪 **PENDIO** さか/ハン	行 **ANDARE** いく/コウ
俺 **IO** おれ	中 **DENTRO/IN MEZZO** なか/チュウ	

Chiaro!

⚠ 「いや」という = **dire** "no"
「いや」っていう = **dire** "no"

練習
ESERCIZI

Ormai vedo sfocato...

1 Le **PARTICELLE** dove vanno messe nella frase? Mi fai un esempio?

2 In **"IO APRO LA PORTA"** con che particelle marcheresti gli elementi "IO" e "LA PORTA"?

3 Che errore ha la frase 僕はローマにパスタを食べる? Spiegami il perché.

4 Spiega che differenze hanno le frasi ダヴィデの本はある! e ダヴィデの本がある!

5 Una ragazza si presenta... Inserisci negli spazi **le particelle** più adatte!

こんにちは！私 [...] めぐみ [...] 申します。
東京 [...] 住んでいます。

私 [...] 趣味 [...] 卓球 [...] バスケットボール
です。よろしくお願いします！

住んでいます SUNDEIMASU (abitare - equivalente a 住んでいるです^x ma in versione più corretta - pagina 164), 趣味 SHUMI (hobby), 卓球 TAKKYUU (ping-pong), バスケットボール BASUKETTO BOORU (basket ball)

LE SOLUZUONI SONO A PAGINA **145**!

JLPT N5, sto arrivando!

かんぱい！
Cin cin!

Avete capito la
differenza tra
WA e GA?

LEZIONE 9
I VERBI
動詞

けん　　どう
剣道 = LA VIA
DELLA SPADA
(un'arte marziale)

SPADA   VIA/STRADA

"GRANDE Davide, con te sto imparando bene il giapponese"
Action Gamer

I VERBI
動詞

Che faticaccia...

In questa nona lezione affronteremo uno dei temi più diff... scherzo! I <u>VERBI</u> giapponesi sono un qualcosa di estremamente facile; siamo noi in italiano che ci complichiamo la vita... Pensate che i verbi giapponesi <u>restano uguali</u> per tutte le persone! Ora vi spiego.

CARATTERISTICHE PRINCIPALI

Per prima cosa, cerchiamo di capire <u>dove</u> vanno i verbi all'interno delle frasi. La risposta è molto semplice: **vanno alla fine**! Già, bisogna un attimo abituarsi... Come per esempio in:

ma ru ko wa ro k ku to me ta ru wo **ki ku**
マルコはロックとメタルを **聞く**
MARCO **ASCOLTA** ROCK E METAL

wa ta shi wa mizu da to **omo t ta**
わたしは「水だ！」と **思った**！
IO **HO PENSATO** FOSSE ACQUA!

<u>DA</u>
è molto forte !!!

a no hon mo bo ku no mono **da**
あの本もぼくの 物 **だ**！
ANCHE QUEL LIBRO **È** MIO!

tou kyou ka ra ro o ma ma de wa **i ka na i**
東京からローマまでは **行かない**
DA TOKYO A ROMA... **NON VA**

In risposta a: "QUESTO AEREO VA DA TOKYO A ROMA?"

Ma la cosa davvero interessante *(e di cui siamo tutti grati...)* è che **i verbi giapponesi**

Wow!

RESTANO SEMPRE UGUALI

per <u>tutte</u> le persone! Ovvero, che il soggetto sia **IO**, **TU**, **LEI**, **NOI**... non importa! Il verbo sarà sempre **UGUALE** per tutti. Mi spiego meglio. Prendiamo il verbo 聞くKIKU *(ascoltare)*. Ecco, noi in italiano dovremmo <u>cambiare la sua forma</u> a seconda del soggetto, giusto? Così:

IL PUNTO
I VERBI *vanno* <u>in fondo</u> *alla frase e* restano **uguali** *per tutte le persone!*

IO **ASCOLTO**
TU **ASCOLTI**
LEI **ASCOLTA**
NOI **ASCOLTIAMO**
VOI **ASCOLTATE**
LORO **ASCOLTANO**

KI KU
聞く
per <u>tutti</u>!

Ma in giapponese resta sempre 聞くKIKU!

Già, è vero! I verbi si scrivono con la *radice* in **KANJI** e la parte *modificabile* in **HIRAGANA**!

TRADUZIONI LETTERALI:
-Ho pensato **fosse acqua!** = Ho pensato "**è acqua!**"
-Anche quel libro è **mio** = Anche quel libro è una cosa **di io**

> Il **verbo essere** だ DA _non_ è un verbo come gli altri... Per ora consideriamolo un'_eccezione_! Dettagli nel **2° libro**!

I TRE GRUPPI

La cosa essenziale da capire è che i VERBI giapponesi si dividono in **tre gruppi**. Anzitutto abbiamo il gruppo dei <u>VERBI NORMALI</u>: non potete sbagliarvi, perché **finiscono <u>tutti</u> con** る RU! _(tipo i nostri ARE, ERE, IRE)._

1° GRUPPO

ta be ru
食べる = MANGIARE

mi ru
見る = GUARDARE

ne ru
寝る = DORMIRE

obo e ru
覚える = RICORDARE

to ji ru
閉じる = CHIUDERE

o chi ru
落ちる = CADERE

Poi abbiamo il secondo gruppo, quello dei <u>VERBI STRANI</u>. Strani perché abbiamo <u>vari finali</u>, che possono essere す SU, ぶ BU, ぬ NU, む MU, く KU ecc, oppure semplicemente う U! Anche in questo caso non potete sbagliarvi, però bisogna **fare attenzione** perché ci sono alcuni (rari) verbi di questo gruppo che finiscono in る RU _(come quelli del 1° gruppo)_!

2° GRUPPO

hana su
話す = PARLARE

aso bu
遊ぶ = GIOCARE

shi nu
死ぬ = MORIRE

yo mu
読む = LEGGERE

ka ku
書く = SCRIVERE

ka u
買う = COMPRARE

wa ka ru
分かる = CAPIRE

kae ru
帰る = TORNARE

tsuku ru
作る = COSTRUIRE

es: HAJIMARU
È del 1° o del 2°?
Non si può sapere!

E infine il gruppo dei verbi <u>IRREGOLARI</u>, che purtroppo bisogna **imparare a memoria**... _(dopo capirete perché)._ Per fortuna sono <u>soltanto due</u>!

3° GRUPPO

su ru
する = FARE

ku ru
来る = VENIRE

IL PRESENTE

Questa forma verbale che vedete qui sopra nelle tabelle sarebbe la **FORMA ALL'INFINITO**, come appunto **MANGIARE**, **LEGGERE** ecc... Ma c'è una buona notizia! In giapponese con questa forma possiamo esprimere anche il tempo PRESENTE: basta lasciarla così. Quindi 書く KAKU può significare **IO SCRIVO** , **TU SCRIVI** , **LUI SCRIVE** ecc. _Comodissimo!_

La **moneta giapponese**, che noi chiamiamo "YEN", in realtà si chiama "EN" e si scrive con il kanji di "rotondo" = 円. Pensate che i nostri 5 euro, che in EN equivarrebbero a 500円, in Giappone sono in moneta... Insomma, c'è la moneta da 5 euro e non la banconota!

SSHHH...

分かる WAKARU (capire) regge が e non を! Per esempio:
日本語が分かる! NIHONGO GA **WAKARU**!

Si traduce con **"Capisco il giapponese!"** ma letteralmente significa "Il giapponese fa l'azione di essere capito!".

Il 天ぷら TENPURA è uno squisito piatto a base di **pesce**, **verdure** o **gamberoni** pastellati e fritti da _freddi_, per ottenere uno _shock_ termico che rende **la frittura leggerissima** e poco unta! I pezzi poi si intingono in una salsa.

Il significato principale di questo kanji è NASCERE , e la suo origine è davvero molto intuitiva: si tratta di una piantina dalla quale NASCE una foglia. Vedete? E così dal concetto di *"vita"* è nata l'idea del verbo **NASCERE**. Questo kanji si legge principalmente UMARERU oppure SEI .

IL NEGATIVO

Ma voi vi starete chiedendo *"A cosa mi serve sapere che ci sono **3 gruppi** di verbi?"*. Serve saperlo perché il **NEGATIVO**, il **PASSATO** e il **PASSATO-NEGATIVO** dei verbi si formano in maniera diversa a seconda del gruppo! Partiamo dall'*INFINITO* e formiamo il NEGATIVO:

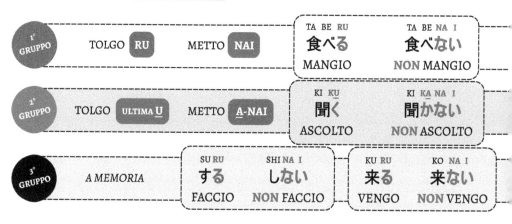

			TA BE RU 食べる MANGIO	TA BE NA I 食べない NON MANGIO
1° GRUPPO	TOLGO RU	METTO NAI		
2° GRUPPO	TOLGO ULTIMA **U**	METTO **A-NAI**	KI KU 聞く ASCOLTO	KI KA NA I 聞かない NON ASCOLTO
3° GRUPPO	A MEMORIA	SU RU する FACCIO / SHI NA I しない NON FACCIO	KU RU 来る VENGO	KO NA I 来ない NON VENGO

Attenzione ai verbi che finiscono solo con **U**! Il negativo è U → <u>WANAI</u> . Per esempio 買う KA<u>U</u> *(compro)* = 買わない KA<u>WANAI</u> *(non compro)*, non "ka<u>anai</u>". Occhio anche ai verbi che hanno il finale **TSU**, come 待つ MA<u>TSU</u> *(aspettare)*! Il negativo è: TSU → <u>TANAI</u> . Quindi: 待つ MA<u>TSU</u> *(aspetto)* = 待たない MA<u>TANAI</u> *(non aspetto)*, non "ma<u>tsanai</u>"!

> **PERCHÉ NELLA FRASE きみが買う花 IL VERBO 買う(kau) NON È ALLA FINE?**
> *In realtà è alla fine... ma è alla fine della <u>FRASE RELATIVA</u>, ovvero l'informazione extra che si relaziona all'elemento 花HANA (fiore)! Prima di 花 ci mettiamo la frase きみが買う KIMI GA <u>KAU</u> (compri tu), e otteniamo きみが買う花 = IL FIORE CHE <u>COMPRI</u> TU. Lo approfondiremo...*

IL PASSATO

Con il **1° GRUPPO** è facile, ma qui il discorso ci complica un attimo con i verbi del **2° GRUPPO**, perché la FORMA PASSATA si crea in maniera diversa in base al finale.

			O KI RU 起きる MI ALZO	O KI TA 起きた MI SONO **ALZATO**
1° GRUPPO	TOLGO RU	METTO TA		

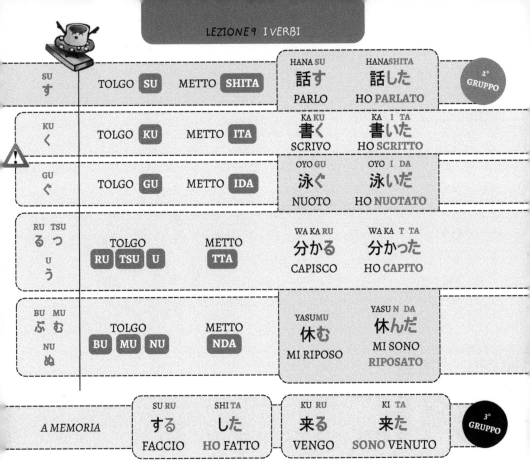

			HANA SU 話す PARLO	HANASHITA 話した HO PARLATO	2° GRUPPO
SU す	TOLGO SU	METTO SHITA			
KU く	TOLGO KU	METTO ITA	KA KU 書く SCRIVO	KA I TA 書いた HO SCRITTO	
GU ぐ	TOLGO GU	METTO IDA	OYO GU 泳ぐ NUOTO	OYO I DA 泳いだ HO NUOTATO	
RU TSU る つ U う	TOLGO RU TSU U	METTO TTA	WA KA RU 分かる CAPISCO	WA KA T TA 分かった HO CAPITO	
BU MU ぶ む NU ぬ	TOLGO BU MU NU	METTO NDA	YASUMU 休む MI RIPOSO	YASU N DA 休んだ MI SONO RIPOSATO	

A MEMORIA	SU RU する FACCIO	SHI TA した HO FATTO	KU RU 来る VENGO	KI TA 来た SONO VENUTO	3° GRUPPO

SÌ e NO

FORMALE
はい HAI   いいえ IIE

INFORMALE
うん UN   ううん UUN
ええ EE   いや IYA

ALTRI MODI
そう SOU (già!)   ダメ DAME (non va bene!)

Tutte le forme che abbiamo visto fanno parte della **FORMA PIANA**, ovvero i verbi così come li abbiamo visti si usano in situazioni *soft* o intime. Per rendere FORMALI i verbi e usarli in situazioni "serie", si usa la cosiddetta **FORMA IN ます MASU**, che accenneremo a pagina 164. *Per ora*, aggiungete です DESU dopo qualsiasi coniugazione, anche se non è molto corretto...

IL PASSATO-NEGATIVO

Rendere al **PASSATO** una <u>qualsiasi</u> forma **NEGATIVA** *(anche irregolare)* è semplicissimo!
Tutti i negativi finiscono in ない **NAI**, avete notato? Benissimo, basterà **togliere la い I di NAI** e al suo posto mettere il suffisso かった **KATTA**, che esprime il passato! Avremo quindi:

NEGATIVO (ない) + PASSATO (かった)!

O KI NA I
起きない → O KI NA KA T TA
起きな かった
NON MI ALZO   NON MI SONO ALZATO

ASO BA NA I
遊ばない → ASO BA NA KA T TA
遊ばな かった
NON GIOCO   NON HO GIOCATO

起きないです = non mi alzo
起きません = non mi alzo (pag. 164)

DIALOGO

Una volta capito il meccanismo con cui si coniugano **i verbi giapponesi**, gestirli sarà una passeggiata. Se ne vedrete uno <u>coniugato al passato, al presente</u> ecc, con un piccolo sforzo riuscirete a risalire alla forma all'**INFINITO** e cercarla sul dizionario! Ma ora è il turno del **DIALOGO**... Due amici stanno parlando al telefono: uno di loro deve sostenere un esame.

I YA   BEN KYOU SHI NA KA T TA
いや、勉強 しなかった...

YA P PA RI KAE RU
やっぱり帰る。

No, non ho studiato... Ovviamente me ne torno a casa.

KAE RU T TE
帰るって？

SO KO MA DE   I   T TA NO NI
そこまで行ったのに！

Cosa? Torni a casa? Ma se sei andato fino a lì!

SO U   U KA RU TO WA
そう... 受かるとは

OMO WA NA I
思わない。

Già... Di farcela, non penso proprio.

74

帰らない<u>と</u> 思うけど
Però penso che
non tornerà a casa

ANALISI del TESTO

A quanto pare il ragazzo che <u>dovrebbe</u> sostenere l'esame non si sente pronto. *Che tragedia.* Ma a noi che ce ne frega? Quello che ci interessa sono i VERBI che hanno usato lui e il suo amico! Ci avete fatto caso? Sono apparsi verbi al **presente**, al **passato**, al **negativo** e al **negativo-passato**... Questa è la tragedia! No, *scherzo!* Analizziamo tutto per bene.

L'amico al telefono chiede all'altro "Allora, sei pronto?", e così il nostro protagonista gli risponde いや IYA, una versione *soft* di "no", e 勉強しなかった BENKYOU SHINAKATTA. La parola 勉強 BENKYOU significa "studio", ma しなかった SHINA-KATTA? Finisce con *KATTA* quindi è una forma passata... Appena prima c'è la parte **NA**, ovvero "**NAI**" (il negativo)! Cioè abbiamo il PASSATO-NEGATIVO di する SURU (fare) = しなかった SHINA-KATTA (non ho fatto). Facile, vero? Ma che razza di verbo sarebbe questo 勉強 BENKYOU + する SURU? Fa parte dei cosiddetti "*VERBI IN SURU*", composti da un **NOME + する** (fare). In questo caso abbiamo 勉強 **BENKYOU** *(studio)* + する SURU *(fare)* = "fare studio", ovvero "studiare". Coniugando "*FARE*", otteniamo 勉強しなかった = non ho fatto **studio** = "NON HO STUDIATO". Poi continua con やっぱり YAPPARI, parola *super-utilizzata* che suona più o meno come "ecco, lo sapevo..." oppure "come immaginavo...", e infine il verbo 帰る KAERU, un verbo del 2° GRUPPO che significa "tornare", ma <u>nel senso di "**tornare a casa**"</u>. Cioè, con やっぱり帰る YAPPARI KAERU sta dicendo "**Come immaginavo** *(dato che non ho studiato)* torno a casa".

Per esempio:
仕事する
SHIGOTO SURU
"fare lavoro"
=
<u>LAVOR-ARE</u>

E l'amico dall'altra parte del telefono si scandalizza dicendo 帰るって？KAERU TTE?. Abbiamo di nuovo il verbo KAERU (tornare) seguito dalla parolina "TTE". Vi ricordate? Sarebbe la versione un po' "*schiacciata*" della particella と TO! Questa particella, oltre che indicare la congiunzione "E", <u>si utilizza anche dopo i DIALOGHI</u>. Già... Quindi con 帰るって？ KAERU TTE? sta marcando la parola "*KAERU*" come se fosse un dialogo, nel senso di DICI "**KAERU**"? = "**DICI CHE TORNI?**", e subito dopo esclama そこまで SOKO MADE, dove そこ SOKO significa "lì" e まで MADE indica "fino a...". Quindi: そこまで **SOKO**MADE = "fino a lì". Ma... "*fino a lì*" cosa? Continuiamo e incontriamo il verbo! In questo caso 行った ITTA. Riconoscete il kanji? Sarebbe quello del verbo "**ANDARE**"... Ok, il finale った TTA ci indica <u>una forma passata</u>, ma "*ANDARE*" non si diceva 行く IKU? Cioè, non dovrei togliere く KU e mettere いた ITA per il passato? E allora perché "ANDATO" non si dice 行いた IITA? Perché purtroppo <u>il passato di 行く IKU è *(eccezionalmente)* irregolare</u> e diventa 行った ITTA! Mi raccomando... Infine la parolina esclamativa のに NONI che esprime più o meno "e pensare che...". Quindi abbiamo そこまで行ったのに SOKO MADE **ITTA** NONI = "E pensare che **sei andato** fino a lì!"

と TO
in realtà indica anche "CON/INSIEME A". *Per esempio:*
お母さんと
行く =
Vado <u>CON</u>
la mamma

E così l'altro replica そう SOU, ovvero "già". Poi troviamo il verbo 受かる UKARU, del 2° GRUPPO. Significa "superare un esame" o "passare un esame"! Questo 受かる UKARU è marcato dalla particella と TO, quindi il nostro verbo 受かる è diventato una specie di DIALOGO. Poi lo rendiamo il TEMA con は WA = Parlando di... "SUPERARE". Infine abbiamo 思わない OMOWANAI, la forma **NEGATIVA** del verbo "pensare", ovvero 思う OMOU. La questione è che ...と思う ...TO OMOU significa "pensare che ...". Cioè sta dicendo = "SUPERARLO *(parlando del fatto di superarlo)* " **NON LO PENSO.**

Senza TEMA:
受かる
と
思わない
NON PENSO DI SUPERARLO

勉 SVOLGERE ペン   強 FORTE つよい/キョウ   帰 TORNARE かえる/キ

行 ANDARE いく/コウ   受 PASSARE UN ESAME うかる/ジュ   思 PENSARE おもう/シ

練習
ESERCIZI

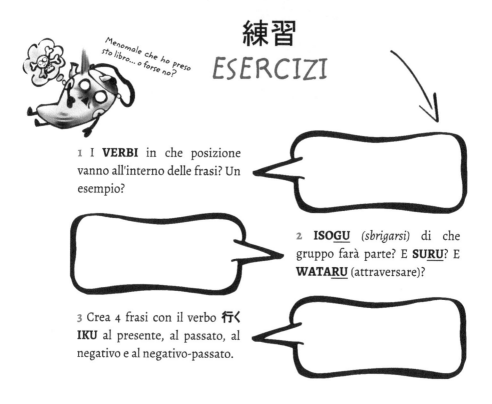

Menomale che ho preso sto libro... o forse no?

1 I **VERBI** in che posizione vanno all'interno delle frasi? Un esempio?

2 **ISOGU** (*sbrigarsi*) di che gruppo farà parte? E **SURU**? E **WATARU** (attraversare)?

3 Crea 4 frasi con il verbo 行く **IKU** al presente, al passato, al negativo e al negativo-passato.

4 Completa il **cruciverba** inserendo i verbi con le coniugazioni adatte!

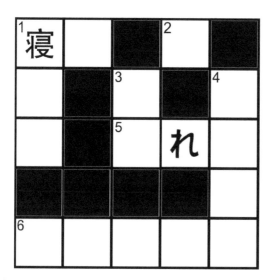

ORIZZONTALI
1 Hanno dormito?
2 ANDARE, in kanji
5 KURE**TA** al presente
6 Non ho fatto

VERTICALI
1 Il negativo di NERU
3 KAI**TA** all'affermativo
4 Se あるく significa *"io cammino"*, come si dice **"avete camminato"**?

LE SOLUZUONI SONO A PAGINA **146**!

76

Sono ufficialmente pronto per la 10!

どこに生まれた？
Dove sei nato?

LEZIONE 10
QUESTO e QUELLO
こそあど

せん せい
先生 ＝ MAESTRO
(è <u>nato prima</u> e quindi
ne sa più di me)

↓
PRIMA

↘
NASCERE

"Studio il giapponese da sola da poco tempo e questi tuoi video sono molto interessanti, non annoi e dici cose importanti che molte altre persone non dicono (ho guardato molti video online) ^^ Spero che contiui a fare questi video!!"

JENNA fytgyu

QUESTO e QUELLO
こそあど

Nella lezione precedente abbiamo visto i verbi, ma ora è arrivato il momento di *rimpolpare* la nostra grammatica per poter sviluppare frasi <u>sempre più complesse</u>. Dai, vediamo come dire "QUESTO" e "QUELLO"! È molto facile: la parola d'ordine è... <u>KO-SO-A-DO</u>. Via!

KO-SO-A-DO?

Ma che cos'è sta maledetta cantilena che probabilmente avrete già sentito da qualche parte? Questo **KO SO A DO?** è in pratica la <u>BASE</u> su cui si può costruire un sacco di altre paroline interessanti, come **"QUESTO"** e **"QUELLO"**, appunto. La questione è che **indicano**:

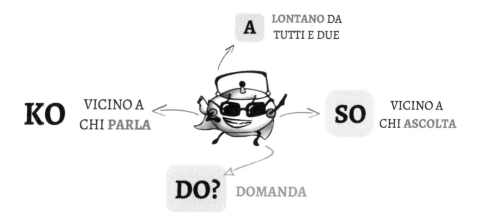

A — LONTANO DA TUTTI E DUE

KO — VICINO A CHI **PARLA**

SO — VICINO A CHI **ASCOLTA**

DO? DOMANDA

I VARI COSTRUTTI

Fino a qui tutto bene, no? Ora, il punto è che le **paroline utilissime** che impareremo in questa lezione iniziano tutte con KO, SO, A oppure DO! Sarà <u>questa piccola parte</u> iniziale che ci suggerirà se si sta parlando di qualcosa di

sore wa nani?
それは 何?
E QUELLO LÌ COS'È?

VICINO al <u>parlante</u>   VICINO all'<u>ascoltatore</u>   **LONTANO da** <u>tutti</u>   DOMANDA

Per esempio, se voglio dire **"QUESTO"** indicando lo smartphone che sto tenendo in mano, userò これ **KORE**. Per dire **"QUELLO"** invece, userò それ **SORE**, perché il SO indica qualcosa *vicino a te* che ascolti... Via con la prossima pagina, che è *più facile a farsi che a dirsi*!

do no ni honshu wo ka u
どの日本酒を買う？
QUALE SAKÈ COMPRI?

"SORE" SIGNIFICA "QUELLO"?

Con la parola それ **SORE** si sta indicando un qualcosa *vicino alla persona che ascolta*, quindi si può tradurre sia con QUESTO che con QUELLO, a seconda dei contesti. Per esempio, それは何？ **SORE WA NANI?** = *Questo cos'è?/Quello cos'è?*, ma ad ogni modo è un qualcosa vicino all'ascoltatore!

QUESTO ecc...

Ed ecco come usare **KO-SO-A-DO**! Basta aggiungerci れ **RE** per ottenere:

 KO RE これ **QUESTO** *(qui)*

 SO RE それ **QUELLO** *(lì)*

 A RE あれ **QUELLO** *(là)*

 DO RE どれ **QUALE?**

Ovviamente possono significare QUESTO, QUESTA, QUESTI, QUESTE...

Se indico le caramelle che ho in mano:
これはくすりじゃない QUESTE NON SONO MEDICINE

Se indico le caramelle che ha in mano il mio amico:
それはくすりじゃない QUELLE NON SONO MEDICINE

Se indico le caramelle che sono sul tavolo laggiù:
あれはくすりじゃない QUELLE NON SONO MEDICINE

Se voglio chiedere quali siano le medicine tra le caramelle:
くすりはどれ？ LE MEDICINE QUALI SONO?

In giapponese si dice どれ？ *QUALI? ma noi ci dobbiamo aggiungere il verbo essere!* (QUALI SONO?)

IL PUNTO

"**KORE**" si usa da solo così com'è, mentre "**KONO**" va messo insieme a qualche NOME

QUESTO *LIBRO/CANE/HOTEL...*

Dopo **KO-SO-A-DO** basta mettere の **NO** per ottenere "QUESTO ⌐...⌐" ecc. **NON** vanno mai usati da soli, eh!

KO NO この ⌐...⌐ **QUESTO** ⌐...⌐ *(qui)*

SO NO その ⌐...⌐ **QUELLO** ⌐...⌐ *(lì)*

A NO あの ⌐...⌐ **QUELLO** ⌐...⌐ *(là)*

DO NO どの ⌐...⌐ **QUALE** ⌐...⌐ **?**

"Quello è vino" non si dice:
SO NO WA WAI N そのは ワイン ✗
perché dopo SONO ci va qualche **nome**! *Per esempio:*
そのワイン = QUEL VINO

Nel buco ci va un NOME DI COSA!

ko ko **wa** do ko
ここは どこ?
Qui dove (è)?
**CHE POSTO È
QUESTO?**

DOVE?

Continuiamo aggiungendo a **KO-SO-A-DO** la parte こ KO per i <u>luoghi</u>:

 QUI

 LÌ

 LAGGIÙ

 DOVE?

ATTENZIONE ALL'ECCEZIONE!
Non è あこ AKO
ma è ASOKO!
*(che tra l'altro indica anche
le parti intime...)*

DA CHE PARTE?

E infine aggiungiamo a **KO-SO-A-DO** la parolina ちら CHIRA per le <u>direzioni</u>!

 DA QUESTA PARTE *(qui)*

 DA QUELLA PARTE *(lì)*

 DA QUELLA PARTE *(là)*

 DA CHE PARTE?

ko chi ra e do u zo
こちらへどうぞ!
PREGO,
DA QUESTA PARTE!

<u>SPESSO ABBREVIATI</u>
こっち KOCCHI
そっち SOCCHI
あっち ACCHI
どっち? DOCCHI?

In Giappone vedrete per la maggior parte del tempo la polizia essere occupata a **fornire indicazioni alla gente**, complice il fatto che il paese ha <u>un bassissimo tasso di microcriminalità</u>. Insomma, un senso di **estrema sicurezza**... lo si può *letteralmente* percepire nell'aria!

ko ko re wa
こ、これは…!?
MA Q-QUESTO…!?

ALCUNE FRASI D'ESEMPIO

Ma ora vediamo delle frasi con *i nostri mitici* **KO-SO-A-DO**? Già che ci siamo buttiamoci parole, particelle e verbi… tanto per <u>fare un ripasso</u> di tutto quello che abbiamo visto!

Volete **un trucco** per tradurre meglio le frasi? Per prima cosa beccate **la parte marcata dalla particella di tema** は **WA**, e mettetela da parte. **Il resto** traducetelo <u>partendo dal fondo</u>!

ko no hon wa   i ta ri a go no ji sho da
<u>この本</u>は イタリア語の辞書だ！
<u>QUESTO LIBRO</u> È UN DIZIONARIO **DI** ITALIANO!

1) Trovo la parte marcata da WA:
この本 = QUESTO LIBRO
2) Il resto lo traduco dal fondo:
だ = è 辞書 = un dizionario の = di イタリア語 = italiano

tou kyou de ka t ta ni hon shu wa   do ko
東京で買った日本酒は、**どこ？**
IL SAKÈ CHE HAI COMPRATO A TOKYO, <u>DOV'È</u>?

どこ？ = dov'è?
どこだ？ = dov'è!?!?

酒 significa **ALCOLICO**
Letture: SAKE e SHU. 日本酒 =
ALCOLICO **DEL GIAPPONE** (il "sakè")

▷ **COMPRARE** (verbo di <u>azione</u>) → A TOKYO = TOKYO DE

開

Questo kanji esprime il verbo **APRIRE**, e la sua origine è davvero semplice. Si tratta in pratica di **un cancello** con in mezzo **due mani** molto stilizzate che lo aprono, e da qui l'idea di "APRIRE", "SPALANCARE". Il verbo **"APRIRE"** si dice **AKERU** e la lettura di origine cinese è **KAI**.

その中で
In quel dentro

どれが
QUALE? (fa l'azione di essere la lingua giapponese?)
どれは = SBAGLIATO

GRAZIE

INFORMALE
A RI GA TO U
ありがとう

FORMALE
A RI GA TO U GO ZA I MA SU
ありがとうございます

FREDDO
DO U MO
どうも

so no naka de wa   do re ga ni hon go
その中では、**どれが**日本語？
TRA QUELLE, **QUAL** È LA LINGUA GIAPPONESE?

ha detto "*è da quella parte!*"

…と言う
DIRE…

kare ra no ko wa   a cchi da   to i tta
彼らの子は「**あっちだ**」と言った
IL LORO BAMBINO HA DETTO CHE È **DA QUELLA PARTE**

PREGO

INFORMALE
I E I E
いえいえ

FORMALE
DO U I TA SHI MASHI TE
どういたしまして

俺とあの女の子
Io e quella ragazza

…と思う
PENSARE…

ore to a no onna no ko wa   so re   ja na i to omo u
俺とあの女の子は **それ**じゃないと思う
IO E **QUELLA** RAGAZZA PENSIAMO CHE NON SIA **QUELLO**

それ = QUELLO VICINO AL PARLANTE
Anche solo psicologicamente,
come un'**IDEA** o un'**ESPERIENZA**…

Ok!

DIALOGO

Ed eccoci finalmente al DIALOGO di questa lezione. Le <u>parole nuove</u> che abbiamo visto sono parecchie, ma siccome si basano tutte sul sistema **KO** *(vicino a me)*, **SO** *(vicino a te)*, **A** *(lontano da tutti e due)* e **DO** *(domanda)* non è così impossibile! Dunque, in questo DIALOGO un ragazzo vuole mostrare a sua sorella **la sua bicicletta nuova**... Tutti pronti, *raga*? Via!

SO RE   SO NO JI TEN SHA GA
それ？その自転車が

TA KA SHI NO MONO
たかしの 物？

È quella lì? È quella bicicletta lì la tua?

MA SA KA   KO RE   JA NA I
まさか！これじゃない...

A NO AO I   JI TEN SHA
あの青い自転車！

Ma va! Non è questa... È quella bicicletta blu!

DO KO   A C CHI
どこ？あっち？

A RE   YA P PA RI
あれ？やっぱり...

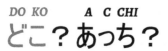

Dove? Da quella parte? È quella? Ecco, lo sapevo...

これとそれは 食べない
Questo e quello,
non li mangio

ANALISI del TESTO

Ma quanti diamine di KO-SO-A-DO sono apparsi in questo dialogo!? Dai, in fondo non sono così difficili. L'importante è capire che **KO** indica qualcosa di vicino a chi parla *(fisicamente o psicologicamente)*, **SO** vicino a chi ascolta, **A** lontano da tutti e due e **DO** esprime la domanda. Su, analizziamo!

> その自転車はたかしの物
> QUELLA BICI È DI TAKASHI
> その自転車がたかしの物!
> È QUELLA BICI DI TAKASHI!

La ragazza comincia con それ？SORE? , che significa "quello", inteso come "**QUELLO** *(lì)* vicino a TE che ascolti". Come sappiamo, il verbo essere in giapponese non è obbligatorio e difatti con la sola parola それ? = QUELLO? si sta *in realtà* esprimendo "È quello?".

Poi continua con その自転車が SONO JITENSHA GA . La parola 自転車 JITENSHA significa "bicicletta". Basterà mettere la parolina その SONO prima di "bicicletta" per ottenere その自転車 = "quella bicicletta", nel senso di "**QUELLA bicicletta** *(lì)* vicino a TE che ascolti". それ SORE lo possiamo usare da solo, ma その SONO andrà sempre prima di qualche **NOME**! Con la particella が GA si sta ben bene *SOTTOLINEANDO* l'elemento, ovvero "È quella bici lì!?". Infine abbiamo たかしの物 TAKASHI NO MONO . Come ormai sappiamo, la particella の NO indica "di", quindi たかしの TAKASHI NO significa "di Takashi", mentre 物 MONO vuol dire "cosa fisica", una "cosa". Ovvero: たかしの物 = "cosa di Takashi".
La frase その自転車がたかしの物？SONO JITENSHA GA TAKASHI NO MONO? letteralmente significa "È *quella bicicletta* una cosa di Takashi?", e vorrebbe dire "È *quella bicicletta* la tua?". Come sappiamo in giapponese si usa spesso direttamente il NOME della persona invece che "**TU**", quindi il significato è "**È quella bicicletta** una cosa di te/una cosa tua?".

TAKASHI si potrebbe scrivere in KANJI!

E così Takashi risponde まさか！MASAKA! , un'espressione molto interessante e utile che esprime "Ma va!" oppure "Ma figurati! Non è così". Poi punta con il dito la bicicletta appoggiata al muro accanto a lui e dice これじゃない KORE JANAI , dove これ KORE indica "QUESTO/QUESTA vicino a me che parlo", e じゃない JANAI è la forma negativa del **VERBO ESSERE** (non è). Tutto ok fino a qui? Infine indica una bicicletta blu dall'altra parte della strada dicendo あの青い自転車 ANO AOI JITENSHA .
La parola あの ANO significa "quel.../quello..." e va attaccata a qualche **NOME DI COSA**! In questo caso abbiamo 青い自転車 AOI JITENSHA, dove l'aggettivo 青い AOI vuol dire "blu", mentre 自転車 JITENSHA *(come abbiamo visto prima)* significa "biclicletta".
Quindi, se prima di 青い自転車 AOI JITENSHA *(bicicletta blu)* aggiungiamo あの ANO (quel), otteniamo あの青い自転車！ANO AOI JITENSHA! = È QUELLA BICICLETTA BLU!
Come sappiamo, in giapponese non è necessario mettere anche il VERBO ESSERE (だ).

どこ
Dov'è?
(informale)
どこだ
Dov'èèè!?!?
(informale)
どこです?
Dov'è?
(formale)

E la sorella escalama どこ？DOKO? , che significa "dove?". Come abbiamo appena detto, **il VERBO ESSERE non viene espresso**, ma traducendo in italiano bisogna metterlo! Quindi la semplice parola どこ？DOKO *(dove?)* può voler dire anche = "DOVE È? / DOV'È?".
Poi guarda dall'altra parte della strada chiedendo あっち？ACCHI? , l'abbreviazione di あちら ACHIRA *(da quella parte/in quella direzione laggiù)*.
Delusa chiede あれ？ARE? , "QUELLO/QUELLA laggiù", e infine やっぱり YAPPARI , ovvero "Come immaginavo" o "Come pensavo...", nel senso *"Come pensavo è uno schifo di bici!"*.

自 SE STESSI みずから/ジ   転 GIRARE/CADERE ころぶ/テン   車 MACCHINA くるま/シャ
物 COSA もの/ブツ   青 BLU あおい/セイ

⚠ 自転車 = il veicolo con cui si gira da soli

練習
ESERCIZI

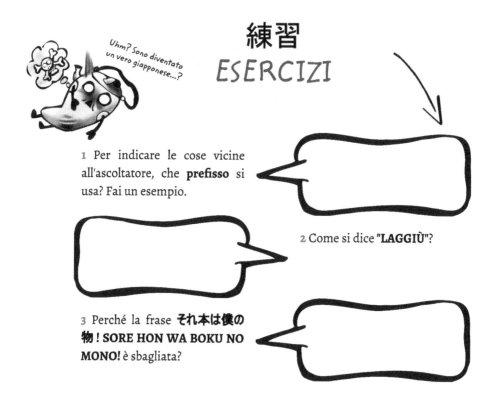

Uhm? Sono diventato un vero giapponese...?

1 Per indicare le cose vicine all'ascoltatore, che **prefisso** si usa? Fai un esempio.

2 Come si dice "**LAGGIÙ**"?

3 Perché la frase それ本は僕の物 ! **SORE HON WA BOKU NO MONO!** è sbagliata?

4 In queste situazioni, quale **KO-SO-A-DO** sarà appropriato? Collegali!

1	Nel buio, un mio amico mi chiede "**Dove** sei?". Cosa rispondo?	あちら
2	Voglio indicare **la bibita** che sta bevendo la ragazza davanti a me	どこ？
3	Mi chiedono "**Da che parte** è il Nord?" e io lo indico	それ
4	Mi dicono "La penna è **lì**", ma io proprio non riesco a trovarla	ここ
5	Passeggio con un mio amico e voglio indicargli il bar **laggiù**	あそこ

LE SOLUZUONI SONO A PAGINA 146!

E 84 pagine sono andate...

そうっか
Ahh ecco!

LEZIONE 11
GLI AGGETTIVI
形容詞

開店 = L'APERTURA DEL NEGOZIO
かい てん

APRIRE   NEGOZIO

"Davvero bravo, spieghi in maniera eccezionale, complimenti"
Alessandro p.

Su, su, su!

GLI AGGETTIVI
形容詞

11

Ormai siamo entrati nell'ottica di come si formano le frasi giapponesi, ma ora è arrivato il momento di aumentare le nostre capacità e costruirne di più articolate! Siete pronti per gli AGGETTIVI? Vediamo come dire parole come *"bello"*, *"buono"*, *"alto"*, *"duro"*, *"facile"* ecc...

DOVE SI POSIZIONANO?

Chiaro!
(Ah, anche questo è un aggettivo...)

Gli **AGGETTIVI** sono quelle paroline che descrivono la qualità di qualcosa:

> **SUSHI BUONO**   **RAGAZZO ALTO**   **RAGAZZA STUPIDA**
>
> **COMPUTER NUOVO**   **PAESE GRANDE**   **STANZA SICURA**

Fin qui tutto bene, eh? *Fantastico.* Ma ovviamente c'è un problemuccio! Come vedete, noi usiamo quasi sempre NOME + AGGETTIVO , mentre *in giapponese* l'aggettivo si appiccica sempre **prima** del NOME ! Esattamente come in inglese (**new** *book*, **good** *job*...). Guardate:

Ok!

AGGETTIVO + NOME

SUSHI **BUONO**

uma i
旨い

su shi
寿司

ba ka na
馬鹿な

onna no ko
女の子
RAGAZZA **STUPIDA**

PAESE **GRANDE**

oo ki i
大きい

kuni
国

an zen na
安全な

he ya
部屋
STANZA **SICURA**

DUE TIPI

Avete notato che ci sono alcuni aggettivi che finiscono con い I e altri che finiscono con な NA ? Perché è proprio *questa* la caratteristica principale degli aggettivi giapponesi: ne **esistono due tipi**, e vanno trattati in modo diverso...

AGGETTIVI IN -I   AGGETTIVI IN -NA

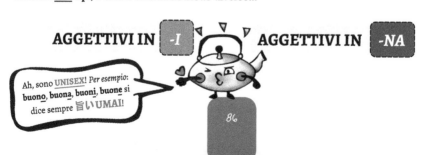

Ah, sono UNISEX! Per esempio: buono, buona, buoni, buone si dice sempre 旨い UMAI!

86

安い寿司は 買わない
yasu i su shi wa ka wa na i
IL SUSHI ECONOMICO
NON LO COMPRO

AGGETTIVI IN -I

Come suggerisce il nome, gli aggettivi in **いI** *finiscono tutti con la* I! Non potete sbagliarvi.

uma i **旨い** BUONO	ma zu i **不味い** SCHIFOSO	oo ki i **大きい** GRANDE	chii sa i **小さい** PICCOLO
taka i **高い** CARO	yasu i **安い** ECONOMICO	atata ka i **暖かい** CALDO	tsume ta i **冷たい** FREDDO

Come vedete *(e come avevamo già accennato a pagina* **32***)* gli AGGETTIVI si scrivono:

E verooo!

RADICE IN KANJI + FINALE IN HIRAGANA

Di solito i kanji complessi si evitano e si scrive tutto in hiragana, come うまい

ed è per un motivo preciso! Quel benedetto finale in *HIRAGANA* lo possiamo modificare per ottenere il **negativo**, il **passato** e il **passato-negativo**. Vi spiego...

CONIUGARE GLI AGGETTIVI IN -I

Esatto! Gli **AGGETTIVI IN** -*I* si comportano alla pari dei verbi e si possono coniugare, come se noi l'aggettivo "**BELLO**" lo facessimo diventare "**NONBELLO**" oppure "**ERABELLO**".
Per fortuna coniugare gli **AGGETTIVI IN** -*I* è davvero facile! Basta cambiare il finale **いI**:

atara shi **い**i **新しい**	atara shi **くない** ku na i **新しくない**	atara shi **かった** ka t ta **新しかった**	atara shi **くな かった** ku na ka t ta **新しくな かった**
NUOVO	**NON** NUOVO	**ERA** NUOVO	**NON ERA** NUOVO

Poi non resterà altro da fare che posizionare **l'AGGETTIVO CONIUGATO** prima di un **NOME**, e il gioco è fatto! Così potremo esprimere concetti abbastanza articolati come:

omo shiro i **面白い** hon **本** wa ko ko **はここ!**
IL LIBRO **INTERESSANTE** È QUI!

omoshiro ku na i **面白くない** hon **本** wa do ko **はどこ?**
IL LIBRO **CHE NON È** **INTERESSANTE** DOV'È?

omoshiro ka t ta **面白かった** hon **本** wa do re **はどれ?**
IL LIBRO **CHE ERA** **INTERESSANTE** QUAL È?

omoshiro ku na ka t ta **面白くなかった** hon **本** wa so ko da **はそこだ!**
IL LIBRO **CHE NON ERA** **INTERESSANTE** È LÌ!

Nel 675 un imperatore **vietò** *(per credenze religiose)* **di mangiare manzo** e altri animali a 4 zampe, e il divieto cessò anni e anni dopo con l'arrivo dei missionari cristiani... E pensare che oggi la bistecca di manzo di Kobe è una delle prelibatezze della cucina giapponese!

SSHHH

Anche qui i *kanji rari* di solito vengono scritti in **hiragana**, come きれいな

IL PUNTO
Il **な** *NA* serve come <u>collante</u> per appicciare l'aggettivo affermativo al **NOME**

AGGETTIVI IN -NA

La seconda e ultima categoria si chiama **AGGETTIVI IN -NA**. Anche loro hanno la parte iniziale in KANJI ma, come è intuibile, <u>finiscono tutti</u> con lo hiragana **な NA** ! Semplicissimo, guardate:

gen ki na 元気な IN SALUTE	ki rei na 綺麗な BELLO	shizu ka na 静かな TRANQUILLO
yuu mei na 有名な FAMOSO	an zen na 安全な SICURO	tai setsu na 大切な IMPORTANTE
jou zu na 上手な BRAVO	he ta na 下手な IMBRANATO	shin setsu na 親切な GENTILE

Bisognerà solo posizionare l'**AGGETTIVO** <u>prima</u> del **NOME** .

ki rei na **ie** 綺麗な **家** CASA **BELLA**	yuu mei na **hito** 有名な **人** PERSONA **FAMOSA**	shizu ka na **machi** 静かな **街** CITTÀ **TRANQUILLA**	tai setsu na **mono** 大切な **物** COSA **IMPORTANTE**

Ma se volessimo **CONIUGARE** gli aggettivi in な NA? In realtà è una cavolata allucinante... Bisogna solo usare il **VERBO ESSERE** coniugato al **negativo**, al **passato** e al **passato-negativo** (*pagina 57*)!

Questo che vedete è il kanji di **NUOVO**, e la sua origine è molto interessante. A sinistra in basso abbiamo un albero (木) con sopra un'ascia (辛), mentre a destra troviamo un ramo storto (斤), nel senso che tagliando il ramo di un albero ne nascerà uno **NUOVO**! **ATARASHII** o **SHIN** .

Però attenzione! Per **incollare** al **NOME** l'aggettivo <u>affermativo</u> serve **な NA** e non DA!

<u>SCUSA</u>

SINCERO (tra amici)
ごめん!

SINCERO (profondo)
ごめんなさい!

UN PO' MASCHILE
わるい!

FORMALE (di facciata)
すみません!

⚠ gen ki **na**
元気 **な**
IN SALUTE

gen ki **ja na i**
元気 **じゃない**
NON È IN SALUTE

gen ki **da tta**
元気 **だった**
ERA IN SALUTE

gen ki **ja na ka tta**
元気 **じゃ かった**
NON ERA IN SALUTE

shinsetsu na **o ji sa n** wa a cchi ni i tta
親切な **おじさん** は あっちに 行った
IL SIGNORE **GENTILE** È ANDATO DI LÀ

jou zu ja na i **onna no ko** wa dare
上手じゃない **女の子** は 誰?
LA BAMBINA CHE NON È **BRAVA** CHI È?

gen ki ja na ka tta **o ba sa n** wa shi n da
元気じゃなかった **おばさん** は 死んだ
LA SIGNORA CHE NON STAVA BENE È MORTA

yuu mei da tta **hito** wa a so ko
有名だった **人** は あそこ!
LA PERSONA CHE ERA **FAMOSA** È LAGGIÙ

FRASI CON IL VERBO ESSERE

Fino a ora abbiamo visto **AGGETTIVO+NOME** attaccati, come una cosa unica (きれいな家, 有名な人, 静かな街, 大切な物...), ma ora è il momento di **DESCRIVERE** un NOME:

IL LIBRO { È INTERESSANTE }

Per farlo basta mettere l' { AGGETTIVO } in fondo alla frase!

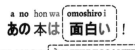

Gli aggettivi in **-NA** possono essere *"rafforzati di brutto"* con il VERBO ESSERE (だ DA) = この物は大切だ KONO MONO WA TAI-SETSU DA (*Questa cosa è importanteee!*), ma questo **non succede** con gli aggettivi in **-I**! Cioè このパスタはうまいだ KONO PASUTA WA UMAI DA (*Questa pasta è buonaaa!*) è sbagliato!

Il NA serve solo per attaccarlo a un nome!
ルッカは 静かな街？
LUCCA È UNA CITTÀ TRANQUILLA?

あの 本は { **面白い** }!
QUEL LIBRO { **È INTERESSANTE** }

ルッカという 街 は { **静か** }？
LA CITTÀ CHE SI CHIAMA LUCCA { **È TRANQUILLA** }？

その 天ぷらは { **高くない** }
QUEL TENPURA { **NON È CARO** }

俺の 家は { **きれいじゃない** }
LA MIA CASA { **NON È BELLA** }

京都で飲んだお茶は { **うまかった** }？
IL TÈ CHE HAI BEVUTO A KYOTO { **ERA BUONO** }？

この 男の子は { **有名だった** }
QUESTO BAMBINO { **ERA FAMOSO** }

あそこの カレーは { **暖かくなかった** }
IL CURRY DI **LAGGIÙ** { **NON ERA CALDO** }

ゆきは { **下手じゃなかった** }
YUKI { **NON ERA BRAVA** }

MA SE "KORE WA UMAI" SIGNIFICA "QUESTO È BUONO", DOV'È IL VERBO ESSERE?
Non si può mettere il verbo essere dopo gli AGGETTIVI IN -I! Il verbo essere è già incluso nel pacchetto!
Se per esempio ti chiedo "TAKAI?" sto dicendo "CARO?", ma in italiano si traduce con "È CARO?".

LE NAZIONALITÀ

Tra gli **AGGETTIVI** rientrano anche "italiano", "giapponese" ecc, giusto? Per esempio, come possiamo dire **"LA PIZZA AMERICANA"**? Bisognerà dire **"LA PIZZA DELL'AMERICA"**:

スペインの SPAGNOLO ➔ スペインの 水 L'ACQUA SPAGNOLA

日本の GIAPPONESE ➔ 日本の 山 UNA MONTAGNA GIAPPONESE

アメリカの AMERICANO ➔ アメリカの ピッツァ LA PIZZA AMERICANA

DIALOGO

Allora? Tutto bene? Il discorso è semplice: gli AGGETTIVI IN -I si coniugano togliendo la -I e mettendo **-KUNAI**, **-KATTA** e **-KUNA-KATTA**, mentre agli aggettivi in **-NA** si toglie il -NA finale e si mette *il verbo essere*: **(DA)**, <u>**JANAI**</u>, <u>**DATTA**</u> e <u>**JANA-KATTA**</u>. E ora, DIALOGO! Un ragazzo è appena tornato da un viaggio in Francia e sta <u>consegnando i souvenir</u> agli amici...

FU RA N SU NO CHI I ZU WA
フランスのチーズは
SU KI   O I SHI I TO OMO U
好き？おいしいと思う？

I formaggi francesi ti piacciono? Pensi siano buoni?

SO RE WA KIRA I DE SU
それは 嫌いです...
KO KO NO CHI I ZU GA I I DE SU
ここのチーズがいいです！

Quelli li odio... Mi piacciono i formaggi di qui!

YO KA T TA
よかった！

Menomale (che non li ho comprati)!

私は寿司が好き
Riguardo me...
il sushi fa l'azione di essere amato
A ME PIACE IL SUSHI

君は天ぷらが嫌い？
Riguardo te...
è il tempura che fa l'azione di essere odiato?
A TE FA SCHIFO IL TENPURA?

ANALISI del TESTO

Il dialogo era pieno di **AGGETTIVI** mai visti, ma una cosa è chiara: sia **UMAI** che **OISHII** significano **"buono (di sapore)"**. <u>Sono sinonimi!</u> Ah, è molto interessante anche la parte **FURANSU <u>NO</u>**, cioè **"della Francia"**, quindi **"FRANCESE"**. Ma ora analizziamo per bene tutto...

Il ragazzo comincia con | フランスのチーズは FURANSU NO CHIIZU WA |, dove abbiamo la parte フランス**の** FURANSU **NO** che significa "**<u>della</u> Francia**", mentre チーズ CHIIZU è chiaramente la *katakanizzazione* della parola inglese *cheese* (formaggio). Aggiungendo la particella は WA = "**riguardo il formaggio <u>della</u> Francia**"/"**parlando dei formaggi francesi**".
E continua con | 好き SUKI |. Questo sarebbe un <u>aggettivo in -na</u> (好きな SUKI **NA**) che significa "amato", oppure "che piace". Ricordiamoci che essendo un aggettivo in -na <u>mantiene il -NA solo quando c'è un nome</u> subito dopo! Comunque, con フランスのチーズは **好き? FURANSU NO CHIIZU WA SUKI?** sta chiedendo "**I formaggi francesi... sono amati *(da te)*?**", nel senso di "**ti piacciono?**". E infine dice | おいしいと思う? OISHII TO OMOU? |. La cosa interessante è che l'aggettivo **OISHII** in realtà si scriverebbe 美味しい... Avete notato?
Sono gli stessi kanji dell'aggettivo **UMAI (buono)**, perché **OISHII** e **UMAI** sono sinonimi ed entrambi significano **"buono"**, inteso come "buono di sapore". Rendiamo "*virgolettato*" l'aggettivo **おいしい OISHII** con la particella **と TO** e aggiungiamo alla fine il verbo 思う**OMOU**, "pensare". Ovvero, おいしいと思う? **OISHII <u>TO</u> OMOU?**, letteralmente = **PENSI "OISHII"? PENSI "BUONO"?**, ma in italiano si traduce con **"Pensi che siano buoni? (i formaggi francesi)"**.

E l'amica risponde con | それは SORE WA |, quindi "riguardo questo", "riguardo quello lì", nel senso di "*riguardo quello lì vicino a te/quello lì che hai detto te*" = "**riguardo i formaggi francesi**".
E aggiunge | 嫌い KIRAI |, che sarebbe il <u>contrario</u> di **好きな SUKI NA**! Esatto: la forma "*originale*" sarebbe 嫌い**な KIRAI NA** e significa **"odiato"**, "che si odia", "che non piace". Quindi con それは嫌い **SORE WA KIRAI** sta dicendo **"Quelli (i formaggi francesi) li odio"**.
Ma avete notato che in fondo ha aggiunto | です DESU |? Già! Sarebbe la parolina che si può aggiungere *(alla fine della frase)* non solo dopo i verbi e i nomi, ma anche <u>dopo gli aggettivi</u>, e rende la frase **FORMALE**! Sì... questa ragazza è molto *fredda* nei confronti del suo amico...
Poi continua con | ここのチーズが KOKO NO CHIIZU GA |, dove abbiamo ここ**の** KOKO **NO** che significa "<u>di qui</u>", "**di questo posto**". Aggiungendoci anche チーズ CHIIZU (formaggio), otteniamo ここのチーズ **KOKO NO CHIIZU** = "il formaggio di qui"/"i formaggi di qui". Con la particella **GA** stiamo <u>sottolineando</u> l'elemento *i formaggi di qui*, che sta facendo un'azione. Ma che azione? Continuiamo con | いいII |, la forma *contratta* di 良い**YOI**, un <u>utile aggettivo in -i</u> che significa "bello" in modo generico. Anche qui alla fine c'è il | です DESU | che rende la frase **formale** *(ma fredda!)*. Con **が GA** sta sottolineando "Sono i formaggi di qui che sono belli (e non quelli francesi)", nel senso di **"Sono i formaggi di qui quelli che preferisco!"**.

E l'amico replica | よかった YOKATTA |. Abbiamo visto prima 良い **YOI** *(che la maggior parte delle volte viene contratto in いいII)*, ma se coniughiamo 良い **YOI** al passato, diventa 良かった **YO**KATTA! Letteralmente: **"ERA BELLO *(è andata bene)*"**, e si traduce con **"Menomale!"**.

です
rende formali anche le frasi che terminano con aggettivi in -I o in -NA, ma è in più e potrebbe <u>NON</u> esserci!

いい
BELLO
(in generale)

きれいな
BELLO
(di aspetto)

| 好 CHE PIACE すきな/コウ | 美 STUPENDO うつくしい/ビ | 味 SAPORE あじ/ミ |
| 嫌 CHE SI ODIA きらい/ケン | 良 BELLO/BUONO よい/リョウ | |

OISHII 美味しい = SAPORE STUPENDO! *Sono kanji scelti per il loro significato e non per la pronuncia!*

KIRAI NA *si può sostituire con* **IYA NA** *(da cui deriva il NO di p.73)*

練習
ESERCIZI

Voglio più grammatica! Scherzo...

1 Quali sono i due tipi di **AGGETTIVI** giapponesi? Fai due esempi per ognuno!

2 Perché la frase しんすけは元気だ人 **SHINSUKE WA GENKI DA HITO** è sbagliata?

3 Come mai la frase この本は新しいだ ! **KONO HON WA ATARASHII DA!** è sbagliata?

4 Completa il cruciverba utilizzando solo lo **HIRAGANA**!

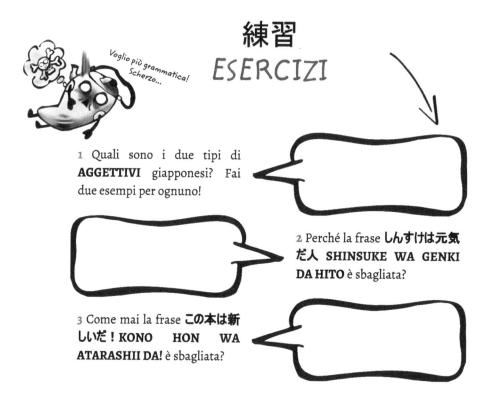

ORIZZONTALI
1 Sicuro
3 Il <u>colore</u> **BLU**, *non* l'aggettivo "blu"
4 Non è alto
6 La **radice** di TAKAKUNAKATTA
7 Quando qualcosa è **caldo**

VERTICALI
1 Era blu
2 La **radice** di NAGAKATTA (era lungo)
3 Un po' **nuovo**
5 Se ITAKUNAI è "non fa male", come si dice **"fa male"**?

LE SOLUZUONI SONO A PAGINA **146**!

Mi sento carico! Vai con la 12!

LEZIONE 12
C'È e CI SONO
いる・ある

"Grande come sempre, imparo sempre nuove cose. Grazieee!"
Giuseppe F.

I VERBI li abbiamo già analizzati dettagliatamente nella lezione 9, ma ci tocca scendere più nei dettagli per quanto riguarda il verbo *ESSERCI* (esistere), grazie al quale possiamo esprimere C'È e CI SONO! La cosa interessante è che di verbi *ESSERCI*, ce ne sono due...

IL VERBO "ESSERCI"

Iniziamo subito fissandoci bene in testa che il verbo "ESSERCI" (con il significato di "esistere" oppure "stare in un luogo") non è il verbo "ESSERE"! Ecco qui un paio di esempi:

IL CANE È **MARRONE**
QUELLA È **UNA MACCHINA**?

IL CANE È **QUI**
C'È UNA MACCHINA

Facile, no? Insomma, il verbo "ESSERCI" risponde a domande come *"Dov'è?"* oppure *"Che cosa c'è?"*, ed esprime L'ESISTENZA di qualcosa. *Ok!* Detto questo, il problema è un altro...

DUE VERBI

Noi diciamo "C'è un ragazzo" o "C'è un computer" usando la parola "C'È", ma purtroppo in giapponese esiste un verbo "esserci" per le cose ANIMATE *(persone, animali...)* e un verbo "esserci" per le cose INANIMATE *(oggetti, idee...)*. Vediamoli insieme alle loro coniugazioni!

Si scrive-rebbero
居る e
有る

	ANIMATE	INANIMATE
C'È	I RU いる	A RU ある
NON C'È	I NA I いない	NA I ない ⚠
C'ERA	I TA いた	A TTA あった
NON C'ERA	I NA KA T TA いなかった	NA KA T TA なかった ⚠

ARU è un po' irregolare! Il negativo è *NAI* e non *A-NAI* e quindi il negativo-passato è *NA-KATTA* e non *ANA-KATTA*

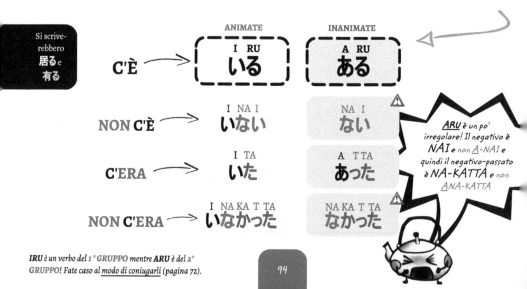

IRU è un verbo del 1° GRUPPO mentre ***ARU*** è del 2° GRUPPO! Fate caso al modo di coniugarli (pagina 72).

ごめん！いちごのケーキは
もうない
SCUSA! TORTE DI FRAGOLE NON CE NE SONO PIÙ

CI SONO, CI SEI, C'È, CI SIAMO...

Non è così difficile, dai! Il verbo **IRU** si usa per <u>persone e animali</u> mentre **ARU** si usa per gli <u>oggetti</u>. Ah, i verbi sono UGUALI per tutti, e quindi con **IRU** e **ARU** o si può esprimere:

C'È   **CI SONO**

ecc! Però come vedete いる IRU e ある ARU sono simili, e quindi anche confondibili...

Ricordatevi che le coniugazioni che iniziano con la <u>I</u> (*inai*, *ita*, *inakatta*) sono di <u>IRU</u>, mentre quelli <u>senza la I</u> (*nai*, *atta*, *nakatta*) sono del verbo <u>ARU</u>! Questo è il trucco per ricordarle!

LA PARTICELLA に NI

Resta ancora una cosa da chiarire: che **particella** usare per *marcare* i LUOGHI. Per esempio:

IL GIOCO È **NELLA** SCATOLA   **IN** CASA **C'È** UNA SIGNORA

Ecco, in italiano dobbiamo accompagnare <u>IL LUOGO</u> dove *"c'è"* qualcosa con le paroline **NELLA**, **IN**, **SUL** *ecc*. Dobbiamo farlo anche in giapponese, e se vi ricordate avevamo detto a *PAGINA 63* che per esprimere **IN** , **NEL** *ecc* si potevano usare le particelle:

IL PUNTO
IRU e ARU sono verbi di esistenza, e quindi il LUOGO si marca con la particella NI!

GINKOUNI ←
In banca

IENI ←
Nella casa

NI
に

~~DE で~~

Però è solo la particella **に NI** che si accoppia con <u>i verbi di</u> ESISTENZA, proprio come いる IRU e ある ARU. Non usate *DE*!

ここに
nel qui =
QUI

ge e mu wa   hako **ni** a ru
ゲームは　箱 **に** ある
IL GIOCO È **NELLA** SCATOLA

inu wa   ko ko **ni**   i ru
犬 は ここ **に** いる
IL CANE È **(NEL)** QUI

ie **ni** o ba sa n ga i ru
家 **に** おばさんが いる
IN CASA C'È UNA SIGNORA

テーブルの上
il sopra del tavolo
SOPRA IL TAVOLO

a so ko **ni** hito ga i ru
あそこ **に** 人 が いる
(NEL) LAGGIÙ C'È UNA PERSONA

te e bu ru no **ue** **ni** den wa ga futatsu a ru
テーブルの **上** **に** 電話が 二つ ある
(NEL) **SOPRA** DEL TAVOLO CI SONO 2 TELEFONI

i ta ri a **ni** su shi wa a ru
イタリア **に** 寿司は ある？
IN ITALIA IL SUSHI, C'È?

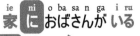
Sostituisci 上 *UE con:* 下 *shita* (**SOTTO**), 後ろ *ushi-ro* (**DIETRO**), 側 *soba* (**A FIANCO**)

FUTATSU = 2
(pagina 113)

SUSHI WA ARU? = *Il sushi... (pausa), c'è?*

Sinonimo di 名前 *NAMAE (pagina 40) - eccezione che usa le letture* **KUN**.

LEZIONE 12 C'È e CI SONO

オーケー
Ok

名

Questo kanji significa **NOME** . In basso abbiamo una bocca (口) e sopra troviamo la *stilizzazione* della luna (月). Il concetto è che durante le notti gli animali della foresta richiamano i loro simili con i versi, e da qui *"chiamare"* → *"nominare"* → **"NOME"**. Si legge **NA** oppure **MEI** .

きみの名はなんという? *Il tuo nome* **come si dice**? = Il tuo nome **qual è**?

ALCUNE FRASI D'ESEMPIO

Impariamo a usare bene i verbi いる **IRU** *(per le cose animate)* e ある **ARU** *(per le cose inanimate)* vedendo una carrellata di **esempi**! Mi raccomando, prestate bene attenzione all'utilizzo delle particelle は **WA** *(con pausa)* e が **GA** *(senza pausa)*.

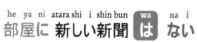

he ya ni atara shi i shin bun **wa** na i
部屋に 新しい新聞 は ない
NELLA STANZA UN GIORNALE NUOVO, **NON C'È**

は **WA**
A proposito del giornale nuovo... quello non c'è. Il resto, non so.

ho te ru ni atara shi i man ga **ga** a ru
ホテルに 新しい漫画 が ある !
IN HOTEL C'È UN MANGA NUOVO!

が **GA**
1) *Mi accorgo che c'è un manga nuovo, e lo dico!*
2) *Sottolineo che è* **proprio** *il manga nuovo che c'è*

ni hon de ni hon shu wo no ma na ka t ta a me ri ka jin **wa** ko ko ni i na i
日本で日本酒を飲まなかった アメリカ人 は ここにいない
L'AMERICANO CHE NON HA BEVUTO IL SAKÈ IN GIAPPONE NON È QUI

chuu goku de bi i ru wo no n da su pe i n jin **ga** oo saka ni i ru
中国でビールを飲んだ スペイン人 が 大阪にいる !
LO SPAGNOLO CHE HA BEVUTO LA BIRRA IN CINA È A OSAKA!

が **GA**
Me ne accorgo e lo esclamo!

so ko ni juu you na mono **wa** na ka t ta
そこに重要な 物 は なかった
LÌ DI COSE DI VALORE, **NON CE N'ERANO**

が **GA**
Sono **proprio** *loro a non esserci!?*

テルミニと 言う
lett.mente: DIRE "TERMINI" = ovvero: SI DICE "TERMINI" = quindi: SI CHIAMA "TERMINI"

te ru mi ni to i u eki e i ku ba su **ga** na i
テルミニという駅へ行くバス が ない?
NON CI SONO AUTOBUS CHE VANNO VERSO LA STAZIONE CHIAMATA "TERMINI" ?

LA FRASE ここは 犬をいる **È CORRETTA? POSSO USARE LA PARTICELLA** を **WO?**

Nooo! La particella を **WO** *marca il COMPLEMENTO OGGETTO, ovvero l'elemento che risponde alla domanda "Che cosa?". Per esempio:* **APRO LA PORTA**. Apro... che cosa? *LA PORTA = LA PORTA* を. *Se consideriamo i verbi* **IRU** *e* **ARU** *come "esserci" nel senso di "ESISTERE", tu* puoi *APRIRE (che cosa?) la PORTA, ma* non puoi *"esisterla"! La frase "IO ESISTO LA PORTA" è errata, e allo stesso modo* 犬をいる *INU WO IRU significa "Io esisto il cane". La frase giusta è* ここは 犬がいる *= "Qui c'è un cane".*

Vietato confondere **WO** *con* **GA**!

大切な **TAISETSU NA** = *importante (soggettivamente)*
重要な **JUUYOU NA** = *importante (oggettivamente)*

わたし うみ す
私は 海が 好き!
A ME PIACE IL MARE!

GA DENTRO WA

Le frasi della pagina precedente vi hanno un po' chiarito le idee sulle sfumature che rendono le particelle <u>WA</u> e <u>GA</u>? Ormai l'avrete capito, ma con i verbi **IRU** e **ARU** *non si usa solo WA o solo GA*: <u>dipende tutto da cosa volete esprimere!</u>

A proposito di WA e GA... Come avevamo già accennato a <u>*PAGINA 65*</u>, dopo la particella di tema は WA bisogna immaginare che si apra un cerchio. *Bene...* Se all'interno di questo benedetto cerchio che riguarda il TEMA abbiamo un ELEMENTO che compie una qualsiasi azione, andrà marcato con la particella di soggetto が **GA**! È più facile a farsi che a dirsi...

I verbi **IRU** e **ARU** si possono usare anche con il significato di "avere" o "possedere". Il soggetto marcato da が **GA** che fa l'azione di ESSERCI diventa la cosa *"posseduta"*.
Per esempio, 僕は 車がある BOKU WA KURUMA GA ARU = "Per quanto riguarda me, c'è una macchina", che in italiano diventa "**IO HO UNA MACCHINA**".
Oppure, 彼女は 息子がいる KANOJO WA MUSUKO GA IRU = "Parlando di lei, c'è un figlio", ovvero "**LEI HA UN FIGLIO**". Comodo, no?

ko ko WA
ここは

inu GA i ru
犬がいる

QUI C'È UN CANE

Per prima cosa becchiamo l'elemento marcato da <u>WA</u> per capire di cosa stiamo parlando. **KOKO WA** = "a proposito di **QUI**". Ok. Stiamo parlando di "QUI". Apriamo un bel cerchio che riguarda il tema "QUI".
In questo cerchio c'è l'elemento INU *(cane)* **che compie l'azione di IRU** *(esserci)*!

Lo so... è un po' *contorto* come ragionamento, ma è questo il modo di concepire le frasi giapponesi. Insomma, il succo del discorso è che "QUI C'È UN CANE" letteralmente si dice:

PER QUANTO RIGUARDA <u>QUI</u> UN CANE FA L'AZIONE DI ESSERCI

E con questo schema *"GA **DENTRO** WA"* possiamo costruire un sacco di frasi interessanti!

o mae wa atama ga waru i
お前は 頭が悪い
(Riguardo te, la testa è cattiva)
TU SEI UN CRETINO

ko no koto ba wa mo u i mi ga na i
この言葉は もう意味がない
(Riguardo questa parola, non c'è più senso)
QUESTE PAROLE NON HANNO PIÙ SENSO

ni hon go wa kan ji ga mu zu ka shi i
日本語は 漢字がむずかしい
(Riguardo il giapponese, sono difficili i kanji)
IL GIAPPONESE HA DI DIFFICILE I KANJI

ma ru ko wa te ni su ga jou zu
マルコは テニスが上手
(Riguardo Marco, è abile il tennis)
MARCO È BRAVO A TENNIS

Nei templi del Giappone si può lasciare una piccola offerta per ricevere **una previsione scritta** del proprio futuro. Questi foglietti si chiamano おみくじ O-MIKUJI e possono essere previsioni fortunate oppure sfortunate... Quelle <u>sfortunate</u> vanno annotate a un ramo di pino!

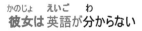
かのじょ えいご わ
彼女は 英語が分からない

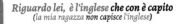
Riguardo lei, è l'inglese che con è capito
(la mia ragazza non capisce l'inglese)

DIALOGO

いる e **ある**: entrambi significano "esserci", ma il primo è per i soggetti <u>ANIMATI</u>, il secondo per quelli <u>INANIMATI</u>. Niente di impossibile, vero? Non ci resta che fare un bel ripasso con il **DIALOGO** di questa lezione, approfittandone per imparare anche una nuova costruzione grammaticale. Dunque, due amici **sono di passaggio** in una città europea...

ORE WA　KO NO MACHI　NI　WA
俺は この 街 には

KI　TA KOTO GA　NA KA T TA
来た 事がなかった!

Io, in questa città, non ci ero mai venuto!

KO KO NO HIRO BA　NI　A RU
ここの広場に ある

TATE MONO WA　I　I
建 物 は いい...

I palazzi che sono nella piazza di sta città, sono belli...

A　RE DA KE　　A SO KO NI　I　RU
あれだけ？あそこにいる

UMA MO YO KU NA I
馬もよくない？

Solo quelli? Non sono belli anche i cavalli che sono là?

彼は 犬が嫌い
LUI ODIA I CANI
彼は 犬は 嫌い
LUI, I CANI, LI ODIA

ANALISI del TESTO

Fantastico! Nel **DIALOGO** sono apparsi sia いる che ある, accompagnati dalla particella に, che marca il *"luogo"* dove c'è qualcosa. Ma la cosa interessante di questo dialogo è 来た 事がなかった! Questa costruzione grammaticale sarebbe 「*VERBO PASSATO* 事が ある」e si usa per esprimere "l'**ESPERIENZA** di aver fatto qualcosa". Via con l'analisi!

Partiamo con un TEMA, ovvero 俺は ORE WA , cioè "per quanto riguarda io", "parlando di me". A sto punto si apre il *cerchio* con dentro この街には KONO MACHI NI WA . La parola 街 **MACHI** significa "città", mentre la particella に **NI** esprime "in" oppure "a": quindi この街に significa "in questa città". Però il ragazzo lo eleva a TEMA utilizzando la particella は WA! Ovvero: この街には = "Per quanto riguarda... *in questa città*". Ma avete notato che ci sono due は WA? Cioè, dentro il cerchio di 俺は ORE WA *(per quanto riguarda me)* abbiamo un altro は WA: "riguardo in questa città". Ma aspettate, così è poco chiaro...
Continuiamo con la parte 来た事が KITA KOTO GA . Il verbo 来た **KITA** sarebbe il passato *(irregolare)* di 来る **KURU**, cioè "VENIRE". Quindi 来た significa "sono venuto", e la parola 事 **KOTO** potremmo tradurla con *"cosa astratta"* oppure *"fatto"*. Cioè: 来た事 **KITA** KOTO = "il fatto di **essere venuto**". Se notate, "il fatto di essere venuto" compie un'azione, perché è marcato da が **GA**! *Che azione compie?* Compie l'azione di なかった NAKATTA , il negativo-passato di あ る **ARU** *(esserci)*. Quindi la traduzione letterale di 来た事がなかった sarebbe "il fatto di essere **venuto, non c'era**", e si traduce con "non ci ero mai venuto". Il punto è che con la formula grammaticale "**VERBO AL PASSATO + KOTO + ARU**" possiamo esprimere l'**ESPERIENZA** di aver fatto qualcosa, ovvero *"Questo fatto... c'è/non c'è/non c'era nella mia vita"*. Avete capito perché 来た事 ha が? Perché è dentro **un cerchio**! Il *(secondo)* cerchio aperto dal **TEMA** この街 には = *(In questa città...)*. Quindi: "Io... in questa città... non ci ero mai venuto *(ma in altre sì!)*".

E l'amico replica con ここの KOKO NO , ovvero ここ **KOKO** (qui) e la particella の **NO** (che esprime il possessivo), cioè = "di qui", nel senso di "di questo posto", "di questa città". Continuiamo con 広場にある建物は HIROBA NI ARU TATEMONO WA . La parola 広場 **HIROBA** significa "piazza", mentre ある **ARU** è il verbo "esserci" che si usa per **i soggetti INANIMATI**. Siccome il posto dove *"c'è"* qualcosa è marcato dalla particella に **NI**, abbiamo 広 場にある **HIROBA NI ARU** = "essere in piazza". Bisogna considerare questo *"essere in piazza"* come un aggettivo che descrive la parola seguente, ovvero 建物 **TATEMONO** (palazzo). Quindi, 広場にある建物 significa "i palazzi che sono in piazza" = **NOME + INFO EXTRA**. E infine l'aggettivo いい II , ovvero "bello" in senso generale. Cioè sta dicendo "I palazzi... sono belli *(ma il resto fa schifo!)*". Capite la sfumatura che rende WA?

Così l'amico si scandalizza un po' dicendo あれだけ？ARE DAKE? , "Solo quello?" oppure "Solo quelli?", nel senso di *"Sono belli solo quei palazzi?"*. I palazzi sono lontano da tutti e due in questo momento, e per questo motivo vengono definiti あれ **ARE** *(quelli laggiù)*. Poi esclama あそこにいる馬も ASOKO NI IRU UMA MO , ovvero 馬も UMA MO = "Anche i cavalli". Ma... *che cavalli?* あそこにいる馬 ASOKO NI IRU UMA = "i cavalli che sono là". Quel "là" intende *"laggiù"*, ovvero *"la piazza lontano da entrambi"* = あそこ ASOKO.
E alla fine よくない？YOKUNAI , cioè il negativo di よい (quindi いい) = "non è bello".

Senza il 2° WA: 僕は この街に 来た事が ない = "Io non ci ero mai venuto in questa città"

ここの 広場 LA PIAZZA DI QUI

Che palazzi? I palazzi che sono in piazza

広場に ある 建物

街 **CITTÀ** まち/ガイ	来 **VENIRE** くる/ライ	事 **COSA** こと/ジ	広 **AMPIO** ひろい/コウ
場 **POSTO** ば/ジョウ	建 **COSTRUIRE** たてる/ケン	物 **COSA** もの/ブツ	馬 **CAVALLO** うま/バ

私は 東京に 行った 事がある!
IO CI SONO ANDATO A TOKYO!

練習
ESERCIZI

Se non mi date SUBITO un コーヒー...

1 Tra *"IL CANE È MORTO QUI"* e *"IL CANE MORTO È QUI"* quale ha il verbo *"esserci"*?

2 Perché ロレンツォは車がいない *RORENTSO WA KURUMA GA INAI* è una frase sbagliata?

3 Che particella marca il luogo dove *"C'È"* qualcosa? Per esempio traduci "**A Milano**".

2 Prova a tradurre "LUI **NON È MAI ANDATO A MILANO**" e "LUI, **A MILANO NON CI È MAI ANDATO**".

5 Coniuga il verbo **"ESSERCI"** in maniera corretta tenendo conto della <u>natura</u> del soggetto *(se è animato o inanimato)*!

IL CANE **NON C'ERA** ( )   L'ESPERIENZA **C'È** ( )

IL LIBRO **C'ERA** (あった)   I RAGAZZI **NON CI SONO** ( )

IO **C'ERO** ( )   L'IDEA **NON C'È** ( )

I MESSAGGI **CI SONO** ( )   I CANGURI **NON C'ERANO** ( )

LE SOLUZUONI SONO A PAGINA **147**!

E chi ci ferma più, ormai?

いってきます
Vado! A dopo!

LEZIONE 13
COSA? CHI?
QUANDO?
疑問詞

あく めい
悪名 = CATTIVA
REPUTAZIONE

BRUTTO/CATTIVO   NOME

"Sei molto bravo a comunicare, lo fai con chiarezza ed efficacia. Naturalmente ti sei dato una missione spaventosamente difficile :) "

Massimoc.69

COSA? CHI? QUANDO?
疑問詞

In questa tredicesima lezione daremo un'occhiata ai cosiddetti <u>INTERROGATIVI</u>, ovvero quelle paroline utilissime che ci serviranno per <u>costruire domande</u> più complesse e articolate. Rientrano tra gli INTERROGATIVI parole come *"chi?"*, *"cosa?"*, *"perché?"*. Via!

GLI INTERROGATIVI

Sugli INTERROGATIVI non c'è molto da dire... Purtroppo vanno semplicemente **imparati a tavolino**, ma **sono facili da memorizzare**! Dai, vi lascio alla TABELLA. Nella prossima pagina capiremo ben bene come usarli... Ah, si scrivono <u>quasi tutti</u> in *HIRAGANA*!

NANI
何？ COSA?

DARE
誰？ CHI?

I TSU
いつ？ QUANDO?

I KU RA
いくら？ QUANTI SOLDI?

> Oppure *DONOGURAI?*

NA N DE
なんで？ PERCHÉ?

DO RE GU RA I
どれぐらい？ QUANTO?

I KU TSU
いくつ？ QUANTI?

いくつ si usa per chiedere anche
QUANTI ANNI HAI?
Ovviamente si dovrebbe aggiungere です
per non dare troppa confidenza, ma <u>non
è obbligatorio</u>! いくつですか？
Il か è per fare le domande formali!

Ma alcune volte **か**
viene **tagliato**, come il
どこです？di p.83

きら た もの なに
嫌いな 食べ物は 何？
*IL CIBO **CHE ODI** COS'È? (qual è?)*

SCUSA, MA NON CAPISCO LA DIFFERENZA TRA なんで, どうして E なぜ.

*Dunque, l'interrogativo "PERCHÉ?" si può esprimere sia con なんで, sia con どうして e sia con なぜ, ed è proprio questo l'ordine in cui vengono usati di più. C'è poi da dire che なぜ ha una connotazione **molto FORMALE** e va più che altro usato come parola scritta in documenti ecc.*

UN PO' DI PRATICA!

Siete riusciti a memorizzare gli INTERROGATIVI? Basta fare solo un po' di pratica... E quindi ecco a voi una bella scorpacciata di **frasi d'esempio**. Prima cosa: beccare il は WA !

黒いバス
Autobus nero

ko no kuro i ba su **wa** nan de eki e i ka na i
この黒いバス は なんで駅へ行かない？
QUESTO BUS NERO **PERCHÉ NON VA** VERSO LA STAZIONE?

駅へ行く
Andare verso la stazione

つく
作る
Fare/creare
2° GRUPPO

so no chii sa i hon **wa** dare ga tsuku t ta
その小さい本 は 誰が 作った？
QUEL PICCOLO LIBRO CHI LO **HA FATTO** (scritto)?

誰が
Chi è che lo ha fatto?
誰は (parlando del **CHI**) è sempre SBAGLIATO!

IL PUNTO
Alla domanda 水はどれ ぐらい？ *rispondo* "3 litri" *mentre a* 水はいく つ？ *rispondo* "2 bottiglie"!

so u  a so ko ni a ru ki re i na ta wa a **wa** nani
そう？ あそこにある きれいなタワー は 何？
AH SÌ? E LA BELLA TORRE CHE È LAGGIÙ, CHE COS'È?

わ
分かる
Capire
2° GRUPPO

wa ka t ta ue da san **wa** i tsu i tari a ni ku ru
 わかった！上田さん は いつイタリアに来る？
HO CAPITO! E TU QUANDO **TORNI** IN ITALIA?

Invece di dire TU si usa il nome

---

nani
何？
CHE COS'É?
(lo dico a *un amico*)

nan da
何だ？
MA CHE COS'ÉÉÉÉ!?!?
(lo *grido* come un pazzo)

nan de su ka
何ですか？
CHE COS'É?
(lo dico a *sconosciuti*)

a no mise no ten pu ra no tei shoku **wa** i ku ra
あの店の 天ぷらの 定食 は いくら？
IL MENÙ DI TENPURA DI QUEL NEGOZIO, QUANTO COSTA?

いくら？
Quanti soldi?

Beccato il は WA, risalite al contrario!
定食 *il menù*
の *di*
天ぷら *tenpura*
の *di*
あの店 *quel negozio*

fu tsuu mizu wo do re gu ra i no mu
普通、水をどれぐらい飲む？
DI SOLITO, **QUANTA** ACQUA **BEVI**?

どれぐらい？
2 litri? 4 litri?

na ra de ta be ta ri n go **wa** i ku tsu da t ta
奈良で食べた りんご は いくつだった？
LE MELE CHE HAI MANGIATO A NARA QUANTE **ERANO**?

奈良で食べる
*Mangiare a **Nara***

いくつ？
2 mele? 4 mele?

だれ
誰だ?
CHI ÈÈÈ!?!?

何と言う?
Dire "che cosa"? =
Come si dice?

```
      to i u      koto ba  wa           ni hon go de  nan to i u
「BELLO」という  言葉  は  日本語で  何という?
```
LA PAROLA 「"BELLO"」 COME SI DICE IN GIAPPONESE?

「BELLO」と
言う
言葉
*La parola
che si
dice "bello" =*
**La parola
"BELLO"**

2 minuti?
1 ora?

```
      den sha de  wa   ko ko ka ra   a na ta no kai sha ma de  do re gu ra i
電車では  ここから  あなたの会社まで  どれぐらい?
```
E **IN** TRENO **DA QUI** ALLA TUA AZIENDA **QUANTO É?**

こんなに こう

```
  do u shi te   ko ko no    o ni gi ri  wa    ko n na ni  o i shi i
どうして  ここの  おにぎり  は  こんなに  おいしい?
```
PERCHÉ GLI O-NIGIRI DI QUI SONO COSÌ **BUONI?**

Il 納豆
NATTOU è un
piatto dal
sapore e
dall'**odore**
incredibilmente forti e dalla
consistenza
quasi *bavosa*.
Questo perché
il 納豆 si
prepara
facendo
fermentare i
fagioli di soia...
Molti
giapponesi lo
mangiano a
colazione!

Sostituiscila!

腕 *ude* **BRACCIO**
手 *te* **MANO**
足 *ashi* **PIEDE**
鼻 *hana* **NASO**
耳 *mimi* **ORECCHIO**
口 *kuchi* **BOCCA**
お尻 *oshiri* **SEDERE**

ですか
potrebbe **NON**
esserci (è **in più**)!

```
  i tsu ka ra    o naka    ga ita i  de su ka
いつから  お腹  が  痛い  ですか?
```
DA QUANDO **TI FA MALE** LA PANCIA ?

Stiamo parlando
di あなたは
(ma è **sottinteso**)

いくら?
Quanti soldi?

```
  hako ni a ru    o kane  wa    i ku ra
箱 にある  お金  は  いくら?
```
I SOLDI NELLA SCATOLA QUANTI SONO?

箱にあるお金 = *i soldi* che sono nella scatola

Ci sono alcuni verbi composti da un NOME
più il verbo する SURU, ovvero "fare"!
Se per esempio prendiamo il nome 仕事 SHIGOTO, che
significa "lavoro" e ci aggiungiamo する otteniamo:
仕事する, ovvero "fare lavoro" = **LAVORARE**.
La stessa cosa succede con 散歩 SANPO, che significa
"passeggiata". Aggiungendoci する otteniamo 散歩する
SANPO SURU, cioè "**fare** una passeggiata" =
PASSEGGIARE. Basta coniugare il verbo する *(pag. 72)!*

```
  shigoto shi na i toki   do re gu ra i   san po su ru
仕事しない時、どれぐらい  散歩する?
```
QUANDO NON LAVORI, QUANTO **PASSEGGI?**

VERBO + 時
QUANDO **FARE QUALCOSA**
es: 日本に行く時 *quando vado in Giappone*

I カプセル ホテル sono hotel spesso frequentati da **impiegati** che
hanno lavorato fino a tardi e non riescono a tornare a casa. Per カプセ
ル si intende una stanzetta delle <u>dimensioni di un letto</u>... ma all'interno
si trovano **TV**, **radio** e **aria condizionata!**

Capsule Hotel

● あなたは お腹が **痛い?** ANATA WA ONAKA GA ITAI?
Riguardo te... è la pancia che fa l'azione di essere dolorante?

あそこに 誰かがいる
C'È QUALCUNO LAGGIÙ

PAROLINE UTILISSIME

Ok, ma prendiamo un attimo gli **INTERROGATIVI** che abbiamo studiato in questa lezione e i **DO?** dei **KO-SO-A-DO** che abbiamo visto nella LEZIONE 10! Aggiungendo dopo questi lo hiragana か KA *(affermativo)* oppure も *(negativo)*, possiamo creare <u>alcune parole *molto* utili</u>:

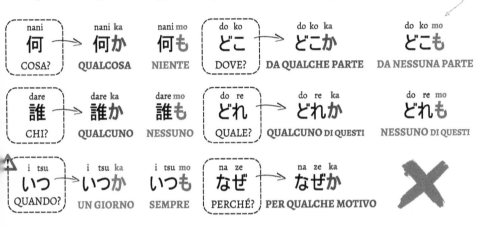

nani 何 COSA?	→	nani ka 何か QUALCOSA	nani mo 何も NIENTE	do ko どこ DOVE?	→	do ko ka どこか DA QUALCHE PARTE	do ko mo どこも DA NESSUNA PARTE
dare 誰 CHI?	→	dare ka 誰か QUALCUNO	dare mo 誰も NESSUNO	do re どれ QUALE?	→	do re ka どれか QUALCUNO DI QUESTI	do re mo どれも NESSUNO DI QUESTI
i tsu いつ QUANDO?	→	i tsu ka いつか UN GIORNO	i tsu mo いつも SEMPRE	na ze なぜ PERCHÉ?	→	na ze ka なぜか PER QUALCHE MOTIVO	✗

持

Questo kanji significa AVERE nel senso di PORTARE con sé. A sinistra c'è il **radicale** di mano (手) mentre nella parte destra troviamo una mano che stavolta regge una piantina, che esprime il *"portare con sè"*, quindi "AVERE". Il verbo "avere" si dice もつ ma si può leggere anche ジ.

Se avete notato, nella pagina precedente sono apparse alcune paroline con una お O davanti! Ci avevate fatto caso? Per esempio, おにぎり O-NIGIRI *(la polpettina di riso)*, お金 O-KANE *(soldi)*, お腹 O-NAKA *(pancia)*, o ancora お尻 O-SHIRI *(sedere)*... Ma è anche in お名前 O-NAMAE *(nome)*! Questa お si chiama O di rispetto e si aggiunge <u>prima</u> di alcuni nomi per esprimere appunto il *"rispetto"* che si prova verso questo oggetto. Molte volte *non è obbligatoria*, ma per dire *"soldi"* ecc si sentirà poco 金 KANE e basta... Ah, non si può usare con le parole in katakana! Quindi おピッツァ O-PITTSA è <u>sbagliato</u>, anche se *adorate la pizza!*

DI DOVE SEI?

Facciamo una pausa dagli interrogativi e vediamo come chiedere **DI DOVE SEI?** al nostro nuovo amico. Basterà usare:

do ko no shusshin
どこの 出身?
PROVENIENZA <u>DI DOVE?</u>

Come sappiamo il **VERBO ESSERE** (だ) esprimerebbe <u>un grido</u>, quindi non è proprio *adatto*... Però ovviamente possiamo aggiungere です DESU per creare una domanda FORMALE! Anzi, è meglio farlo *(dato che lo stiamo chiedendo a uno sconosciuto)*, ma <u>non</u> è certo una legge. Nelle <u>domande</u> formali si aggiunge か KA?

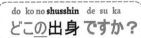
do ko no shusshin de su ka
どこの 出身 ですか?

ジェノヴァの出身(です)! *Sono <u>di</u> Genova!*

DIALOGO

Evvai! Ce l'abbiamo fatta! Per fortuna gli **INTERROGATIVI** giapponesi sono un argomento abbastanza facile *(non cambiano mai neppure forma!)*. Basta **impararli a memoria**... E cosa c'è di meglio di un bellissimo **DIALOGO** per fare ripasso? In questa occasione abbiamo una ragazza che trova <u>una montagna di monetine</u> in camera di suo fratello, e gli chiede...

NA NI   SO RE

なに？それ。

DARE   NO O KANE   SO RE

誰のお金？それ。

Cosa sono, questi? Di chi sono, sti soldi?

KO N   NA NI   TA KU SA N

こんなにたくさん、

MI TA KO TO GA   A RU

見たことがある？

Ne hai mai visti così tanti?

NA I   I KU RA

ない！いくら？

No! Quanti sono?

この本は どう？
Questo libro com'è?
(la sua versione formale è IKAGA)

ANALISI del TESTO

Fantastico! Nel DIALOGO sono apparsi parecchi **INTERROGATIVI**, alcune <u>paroline nuove</u> e persino la forma grammaticale che esprime l'**ESPERIENZA** *(che abbiamo visto a pagina 99)*. Ve la ricordavate? Ma ora analizziamo dettagliatamente tutto quello che abbiamo letto, per prendere in mano la situazione e renderci bene conto del *perché* delle cose. Tutti pronti?

Vedendo le monete, la sorellina esclama なに？NANI? , che in realtà si dovrebbe scrivere in <u>kanji</u> **(何)**, ma per dare un effetto più *"bambinesco"* è stato scritto in hiragana. Ovviamente si tratta dell'INTERROGATIVO *"che cosa?"*. Insomma, なに？ letteralmente significa **"Che cosa?"**, ma si traduce con **"Che cos'è?"**. Già, il verbo essere (だ) non serve!

E dopo: それ SORE , cioè *"quello"*, nel senso di **"quello lì vicino a te"**. Con それ SORE sta intendendo le monetine (che sono vicine sia *psicologicamente* che *fisicamente* al fratello).

Se avete notato, questa frase dovrebbe essere それは 何？SORE WA NANI? = "Quello, che cos'è?", ma capita spesso nella lingua di tutti i giorni di <u>invertire</u> 何 e それ ! Però anche in italiano "Che cos'è **quello?**" e "**Quello,** che cos'è?" danno due sensazioni diverse, no?

E così la sorellina continua con 誰のお金？DARE NO O-KANE? , dove l'INTERROGATIVO 誰 significa "chi?" mentre la parola お金 vuol dire "soldi" oppure "denaro" *(notate la お di rispetto scritta in hiragana!)*. Collegando la particella del *possessivo* の a 誰, otteniamo 誰の = "di chi". Quindi, letteralmente 誰のお金？DARE NO O-KANE? significa "Soldi di chi?", nel senso di **"Sono soldi di chi?"**. E siccome sta ancora puntando con il dito i soldi vicino al fratello, ci butta un altro それ SORE *(quelli lì)* alla fine. Ovviamente la frase *standard* sarebbe それは誰のお金？SORE WA DARE NO O-KANE? = "Quelli lì, **sono soldi di chi?**", ma sentite che suona in modo *diverso* se si tratta la parola それ come <u>TEMA</u> o come *"elemento **extra** da aggiungere <u>dopo</u>"*?

E il fratello *(tutto orgoglioso)* risponde con こんなに たくさん KONNA-NI TAKUSAN , dove troviamo la parola こんなに che significa *"così"*, mentre たくさん vuol dire **"tanto"** oppure "tanti". Capite? こんなにたくさん si traduce esattamente = "**così** tanti".

Subito dopo continua con 見たことがある？MITA KOTO GA ARU? . Dunque, questa è una <u>costruzione grammaticale</u> molto utile che serve ad esprimere l'ESPERIENZA di aver fatto qualcosa, ovvero **"VERBO AL PASSATO + こと + ARU"**. In questo caso abbiamo il verbo 見た (il <u>passato</u> di 見る = vedere/guardare), quindi con 見たことが abbiamo "il fatto di **aver visto**". E subito dopo: ある ARU, il verbo "esserci" che si usa per le cose <u>inanimate</u> o astratte. Insomma, sta letteralmente chiedendo 見たことがある？ = "C'è *(nella tua vita)* il fatto di averli visti?", nel senso di "Hai l'esperienza di averli visti?". Sta parlando di こんなにたくさん (così tanti), cioè **"Ne hai mai visti** così tanti *(di soldi)?"*. *Ma fatti figo di meno...*

E la sorellina risponde ない！NAI! , ovvero la forma <u>negativa</u> del verbo ある (quindi "non c'è"). Insomma, intende dire "Non c'è! Non c'è l'esperienza! Non c'è l'esperienza di averne visti così tanti", ma si traduce semplicemente con "No!". **Infatti è molto comune rispondere con un verbo al negativo per dire "No".** Poi continua con いくら？IKURA? , "quanti soldi?". In teoria si potrebbe tradurre anche con **"Quanto costa?"** *(nel senso di: **quanti** soldi servono?)*, ma dal contesto si capisce che sta intendendo **"Quanti soldi sono?"**.

margine destro:
koto
事
Come tutte le parole che si scrivono in <u>kanji</u>, si può scrivere **anche in hiragana**

飲む？
BEVI?
飲まない
NO

何 **COSA?** なに	誰 **CHI?** だれ	金 **DENARO/ORO** かね/キン
	見 **COSA** みる/ケン	

こんなに 面白い本、
持ったことがなかった

練習
ESERCIZI

Davvero... Devo farmi una さんぽ...

1 Gli **interrogativi** giapponesi cambiano leggermente forma in base al tempo del verbo?

2 La frase **何は見る？ NANI WA MIRU?** è corretta?

3 Prova a tradurre **"QUESTO LIBRO A CHI LO DAI?"**. (*dare:* あげる)

4 Cosa significa la frase **なぜか、誰かがどこかに行った？**

5 Collega gli **INTERROGATIVI** alla risposta più appropriata.

いくら？	30 LIBRI
どれぐらい？	ALLE 3
いくつ？	5 GRAMMI
誰？	900 YEN
いつ？	LUIGI

LE SOLUZUONI SONO A PAGINA 147!

Eh? Come? Chi? Io? Ma va...

いかがですか？
Com'è?
(Che ve ne pare?
Vi va?)

LEZIONE 14
COME CONTARE
数え方

持ち帰り =　TAKEAWAY
(portare con sé
tornando a casa)

AVERE　　RITORNO

"Bravissimo, complimenti per i tuoi video. Mi auguro che ne farai altri. Ciao e grazie"
Dominik A.

Ed eccoci arrivati alla lezione più *matematicosa* del libro. Ci tocca imparare i <u>NUMERI</u> in giapponese, miei cari ragazzi... *Ma tranquilli!* Imparati <u>i primi 10</u>, costruire gli altri sarà un gioco da bambocci. E poi i NUMERI sono importanti per poter fare shopping, o sbaglio?

I PRIMI DIECI

Datemi retta, per prima cosa cerchiamo di ricordarci i numeri da **1 a 10**. Una volta imparati questi, potremo costruire <u>tutti gli altri</u> fino a **99**! Provate a memorizzarli contando da 1 a 10, poi da 10 a 1, e infine in ordine sparso. Ah, attenzione che i numeri giapponesi **hanno un loro kanji** (anche se la maggior parte delle volte vedrete **i numeri come i nostri**). Dunque:

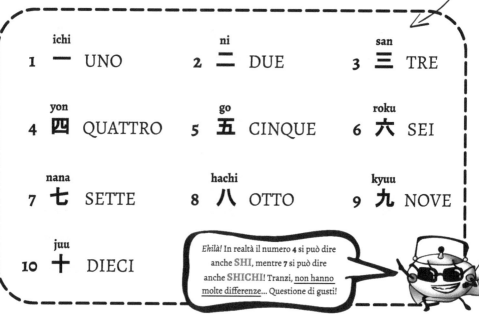

	ichi			ni			san	
1	一	UNO	**2**	二	DUE	**3**	三	TRE
	yon			go			roku	
4	四	QUATTRO	**5**	五	CINQUE	**6**	六	SEI
	nana			hachi			kyuu	
7	七	SETTE	**8**	八	OTTO	**9**	九	NOVE
	juu							
10	十	DIECI						

> *Ehilà!* In realtà il numero **4** si può dire anche **SHI**, mentre **7** si può dire anche **SHICHI**! Tranzi, <u>non hanno molte differenze</u>... Questione di gusti!

Facilissimi, vero? E pensate che già con questi possiamo contare **fino a 19**! Una comodità. Basterà fare **十 JUU + NUMERO** per ottenere appunto "10 + **NUMERO**". Per esempio:

juu ichi	juu ni	juu san	juu yon
11 (10 +1) = 十一	**12** (10 + 2) = 十二	**13** (10 +3) = 十三	**14** (10 + 4) = 十四

あれは**15円**だ〜! *Quelli sono **15 yeeen**!*

このテキストは
26,99ユーロだった
Questo libro di testo
__era__ (costava) 26,99 €

買

Questo kanji significa **COMPRARE** ed è composto in alto dalla *stilizzazione di una rete*, mentre in basso da delle *conchiglie (che rappresentano un bene prezioso)*. Dall'idea di **catturare** *(quindi ottenere)* **un bene prezioso**, è nato il kanji di **COMPRARE**. Si legge かう oppure バイ.

20, 30, 40...

Ok, siamo arrivati fino al 19... Beh, in realtà anche formare i numeri **da 20 a 99** è molto semplice, dico sul serio! Basterà mettere un NUMERO __prima__ del **10** (十 **JUU**). Guardate:

ni **juu**
20 二十 VENTI

san **juu**
30 三十 TRENTA

yon **juu**
40 四十 QUARANTA

go **juu**
50 五十 CINQUANTA

roku **juu**
60 六十 SESSANTA

nana **juu**
70 七十 SETTANTA

hachi **juu**
80 八十 OTTANTA

kyuu **juu**
90 九十 NOVANTA

分かった

Il numero **ZERO** si può dire ゼロ ZERO *(in katakana)* oppure si può esprimere con la parola *autentica* giapponese れい REI, anche se il kanji è un po' complesso = 零 ! Ah, pensate che nei numeri delle camere d'albergo *(e non solo)* lo ZERO si legge spesso "MARU" *(lett.: __cerchio__)*. Figo, eh? Quindi la stanza "101" molti giapponesi la chiameranno いちまるいち.

21, 22, 23....

So che non ci crederete, ma una volta capiti questi, creare numeri come 21, 35, 58, 72 diventa una cavolata pazzesca! In pratica si mette un numero della 1° tabella dopo 二十 20, 三十 30, 四十 40 ecc... E così si ottiene:

ni juu ichi
二十一 = 21

ni juu ni
二十二 = 22

san juu yon
三十四 = 34 ecc...

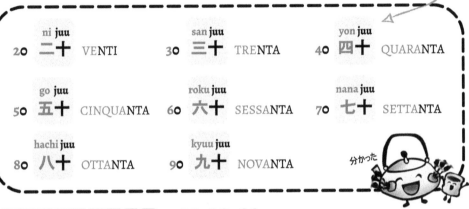

ko re wa nana juu hachi en de su
これは 七十 八 円 です
QUESTO **COSTA** 78 YEN

Questo è
78 yen

a no aka i fuku wa roku juu kyuu yu u ro da ke da
あの赤い服は 六十 九 ユーロ だけだ!
QUEL VESTITO ROSSO **COSTA** SOLO 69 EURO !!!

watashi wa yon juu ichi nen kan sen sei da t ta
私は 四十一 年間 先生 だった
IO **SONO STATO** INSEGNANTE PER 41 ANNI

i zu mi wa i ku tsu ore wa go juu ni sai
いずみはいくつ?俺は 五十二 才!
TU QUANTI ANNI HAI? IO 52 ANNI !

Tu
(Izumi)

Sostituiscilo!

店員 ten-in **COMMESSO** 料理人 ryouri-nin **CUOCO**
弁護士 bengo-shi **AVVOCATO** 医者 i-sha **DOTTORE**
俳優 hai-yuu **ATTORE** 女優 jo-yuu **ATTRICE**
歌手 ka-shu **CANTANTE** 警官 kei-kan **POLIZIOTTO**

kyuu juu kyuu do ru no su ma ho wa do ko da t ta
九十九 ドル のスマホはどこだった?
LO SMARTPHONE DA 99 DOLLARI DOV'**ERA**?

Lo smartphone __di__ 99 dollari

> Attenzione alle **ECCEZIONI**!
> 300 si dice SAN-BYAKU e non
> SAN-HYAKU, 3000 si dice SAN-ZEN e non
> SAN-SEN. Invece 600 diventa ROPPYAKU e
> non ROKU-HYAKU. Occhio anche a 800: è
> HAPPYAKU e non HACHI-HYAKU! E
> attenti a 8000, che è HASSEN e
> non HACHI-SEN!

100 E OLTRE

Andiamo avanti oltre 九十九 (99). La questione è molto
facile, in realtà! Basterà *semplicemente* usare i numeri:

hyaku	sen	man
100 百 CENTO	1000 千 MILLE	10000 万 DIECIMILA

nihyaku
200 二百 DUECENTO

sanbyaku
300 三百 TRECENTO

yonhyaku
400 四百 QUATTROCENTO

nisen
2000 二千 DUEMILA

sanzen
3000 三千 TREMILA

yonsen
4000 四千 QUATTROMILA

E una volta capiti questi, possiamo **aggiungerci** i numeri che abbiamo visto prima!

hyaku ichi
百一 = 101

ni hyaku san
二百三 = 203

go hyaku yon juu
五百四十 = 540

happyaku nana juu go
八百七十五 = 875

sen yon
千四 = 1004

san zen kyuu
三千九 = 3009

go sen hachi juu
五千八十 = 5080

hassen hyaku hachijuu ichi
八千百八十一 = 8181

COSTRUIAMO UN NUMERONE

Dopo tutta questa teoria, non resta altro da fare che **costruire** un numero complesso!

3	三 san
10	十 juu
30	三十 sanjuu
34	三十四 sanjuuyon
134	百三十四 hyakusanjuuyon
734	七百三十四 nanahyakusanjuuyon
1734	千七百三十四 sennanahyakusanjuuyon
5734	五千七百三十四 gosennanahyakusanjuuyon
1 5734	一万 五千七百三十四 **ichiman** gosennanahyakusanjuuyon
4 5734	四万 五千七百三十四 **yonman** gosennanahyakusanjuuyon
40 5734	四十万 五千七百三十四 **yonjuuman** gosennanahyakusanjuuyon
43 5734	四十三万 五千七百三十四 yonjuu**sanman** gosennanahyakusanjuuyon

> Occhio a *CENTO* e
> *MILLE*, che <u>non</u> vogliono ICHI
> davanti! Quindi 100
> <u>non</u> si dice 一百 ICHI-HYAKU
> e 1000 <u>non</u> si dice
> 一千 ICHI-SEN!

YONJUUSAN MAN = *43 man*. In italiano: *430 mila*.

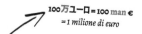

100万ユーロ = 100 man €
= 1 milione di euro

QUINDI "10 MILA" NON SI DICE 十千 JUU-SEN (dieci-mille)?

Purtroppo no! C'è un concetto diverso, ovvero il __MAN__ (万). __UN MAN__ (一万 ichi-man) corrisponde alla nostra cifra "10 mila", e di conseguenza DUE MAN (二万) è 20 mila, TRE MAN (三万) 30 mila ecc...

I CONTATORI

Li vediamo nel 2° libro!

Ok! Abbiamo capito **come si CONTA** in giapponese! Già... *"contare"*. Perché con i numeri *"nudi e crudi"* così come sono, possiamo solamente fare una bella <u>conta</u> (1, 2, 3, 4, 5, 6, 7...).

Per usare i numeri per **CONTARE <u>LE COSE</u>** (*3 mele, 4 minuti, 6 persone*) dobbiamo attaccare al numero un cosiddetto **CONTATORE**, ovvero una parolina che si appiccica **subito dopo il numero**. Ci avete fatto caso? Ne abbiamo **già visti** un po' in queste pagine! Guardate:

EN	NEN	YU U RO	SAI	DO RU
円	年	ユーロ	才	ドル
Per gli YEN	Per gli ANNI	Euro	Per gli ANNI di età	

Per contare i DOLLARI

Quindi *(seguendo questo principio)* per dire **"3 mele"** non potrò usare *SAN* e basta, ma ci dovrò appiccicare **il CONTATORE** che si usa per le mele. Avete capito bene, purtroppo... Esistono *MOLTI* contatori, e questi **si basano sulla <u>FORMA</u>** degli oggetti! Cioè, per contare le **"MELE"** userò il contatore dedicato alle **cose *"piccole e rotonde"***, per contare i **"BIGLIETTI"** userò il contatore dedicato alle **cose *"piatte"***, ecc... Sembra spaventoso, ma dopo un po' ci si abitua.

Per fortuna esiste un **contatore JOLLY** che si può usare *praticamente* per **tutto:** つ TSU ! Ma *(sfiga vuole)*, non si dirà **ICHI-TSU (1)**, **NI-TSU (2)** ecc... Sono tutte pronunce <u>irregolari</u>:

1 hitotsu 一つ	2 futatsu 二つ	3 mittsu 三つ	4 yottsu 四つ	5 itsutsu 五つ
6 muttsu 六つ	7 nanatsu 七つ	8 yattsu 八つ	9 kokonotsu 九つ	10 tou 十つ

Non significa 5, ma 5 COSE

E se vi state chiedendo dove si piazza questo **"NUMERO+CONTATORE"** nella frase, la risposta è molto semplice: va **DOPO la PARTICELLA** che marca l'oggetto *"contato"*. Quindi,

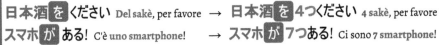

日本酒を ください Del sakè, per favore → 日本酒を 4つください 4 sakè, per favore
スマホが ある! C'è uno smartphone! → スマホが 7つある! Ci sono 7 smartphone!

In Giappone è parecchio raro trovare un cestino della spazzatura per strada *(ma non impossibile)*. Comunque, questa decisione potrebbe essere legata a **misure antiterrorismo**: infatti nel 1995 furono proprio i cestini a essere <u>usati per un attacco</u> con gas tossico, a Tokyo.

Con ... をください si esprime *"OGGETTO, per favore"*

DIALOGO

Avete visto che **contare** in giapponese è davvero molto intuitivo? Costruire i numeri è semplicissimo, però attenzione, perché stiamo parlando di **CONTARE** e basta! Per contare le cose bisogna mettere un __CONTATORE__ dopo il numero (*li affronteremo ben bene nel prossimo libro*). Per ora godiamoci il DIALOGO di un signore che va dal __fruttivendolo__...

A NO　　SU MI MA SE N
あの、すみません！

MOMO WO JUU SAN KO　KU DA SA I
桃 を 13個 ください。

Ehm, mi scusi! 13 pesche, per favore

HA I　　KA SHI KO MA RI MA SHI TA
はい、かしこまりました！

SEN SAN BYAKU NI　JUU YO EN DE GO ZA I MA SU
千三百二十四円でございます

Sì, ma certo! Sono 1324 yen

GEN KIN GA NA I DE SU
現金がないです。

KA A DO DE MO DAI JOU BU DE SU KA
カードでも 大丈夫ですか？

Ah, non ho contanti. Va bene anche con la carta?

だいじょうぶ
大丈夫?
VA TUTTO BENE?

ANALISI del TESTO

Ohh! Finalmente abbiamo avuto occasione di vedere un DIALOGO in **un 店 (negozio)** みせ
giapponese *(ci tornerà utilissimo per fare shopping)!* Se avete notato, ci sono alcune **paroline molto "strane"**. Ecco, dovete sapere che i negozianti hanno un modo *"super elegante"* di parlare: in Giappone il cliente è il re! Ma... il contatore つ che fine ha fatto?

Il signore inizia con あの , un intercalare che si usa quando si sta pensando a cosa dire, ed esprime il nostro "ehm". Dopo esclama すみません , ovvero "Scusa!" o "Mi scusi!". Richiamata l'attenzione del fruttivendolo, chiede delle pesche dicendo 桃を . La parola 桃 **MOMO** significa **"pesca"**, mentre la particella を ci indica che 桃 è il **"complemento oggetto"** *(risponde alla domanda: CHE COSA?).* Cioè, con 桃を sta dicendo proprio "delle pesche", ma "delle pesche" che cosa...? Il verbo è sottinteso! **"MI DIA...** *che cosa?* **delle pesche"**, oppure **"VOLEVO COMPRARE...** *che cosa?* **delle pesche"**. Non serve dire un verbo, perché è ovvio! Dopo la particella, il signore specifica quante pesche vuole, e lo fa usando 13個 . Ma che cos'è sto 個 **KO**? Come abbiamo imparato nella lezione, per CONTARE QUALCOSA non si può usare il numero e basta: serve aggiungere un CONTATORE. Avevamo visto il contatore つ **TSU**, che serve un po' per tutto. Ecco... Il problema è che つ arriva solo fino a 10, cioè 11つ o 12つ non esistono... E allora come si fa? Semplice: si può usare il contatore 個 **KO**. Sebbene 個 **KO** *"ufficialmente"* sia il contatore utilizzato per contare le cose "piccole e rotonde", in realtà è anche lui un contatore *jolly* che si può usare un po' per tutto. Infine troviamo ください , che significa **"per favore"**. Quindi questa frase potrebbe essere 桃をください = "Delle pesche, per favore", ma il signore specifica quante pesche vuole mettendo 13個 JUU-SAN KO dopo 桃を.

> *Ma* あの *significa anche* QUEL...

> *Invece che* ください *si può anche usare* お願いします *(pag. 41)*

Il fruttivendolo risponde con はい , ovvero il "sì" formale *(non sia mai che un negoziante parli in forma piana, per carità!)*, e continua con かしこまりました . Non spaventatevi di questa parola un po' lunga... In realtà equivale a 分かった **WAKATTA**, ovvero "ho capito", solo che è la sua versione *"super formale"*, *"super gentile"*, **perché i negozianti hanno un modo speciale di parlare, e usano verbi e parole molto ricercate e gentili.** La proverbiale gentilezza di questo fruttivendolo è provata anche dalla frase seguente: 千三百二十四円でございます . Il numero in questione sarebbe 千 **MILLE** + 三百 **TRECENTO** + 二十 **VENTI** + 四 **QUATTRO**: **1324**. Subito attaccato abbiamo 円 **EN**, il contatore degli YEN, la moneta giapponese. Ma il punto è でございます... Questa parola è **la versione iper-formale** di だ **DA** *(cioè corrisponde a: SONO 1324 yen)*, ma essendo in *modalità formalissima* perde la "potenza" tipica di **DA**.

> 四円 *YONEN diventa* YOEN, *perché è più facile da dire*

Infine il cliente si guarda nel portafoglio ed esclama 現金がないです , ovvero "i contanti (現金が) fanno l'azione di "non esserci (ない)". Il TEMA che racchiude questa frase sarebbe 私は WATASHI WA *(Parlando di IO, invece...)*, ma se è sottinteso è meglio evitarlo. Il です finale **potrebbe anche non esserci**: è solo un elemento che rende la frase più formale, gentile (ma distaccata!). Continua con カードで , ovvero "con la carta/tramite la carta" *(ovviamente sta parlando della carta per pagare)*, e aggiunge も , cioè "anche". Quindi カードでも significa "anche con la carta". E infine 大丈夫ですか? . La parola 大丈夫 è un *"aggettivo in -NA"* che significa "che va bene/che è ok". Sta dicendo **"Anche con la carta, è ok?"**. Il ですか? potrebbe non esserci!

> 私は 現金が *ない* IO *(e non gli altri)* non c'è contanti

桃 **PESCA** もも/トウ	個 **COSETTA** コ	円 **YEN** エン	現 **APPARIRE** あらわれる/ゲン
金 **ORO/SOLDI** かね/キン	大 **GRANDE** おおきい/ダイ	丈 **ALTEZZA** ジョウ	夫 **MARITO** おっと/フ

コーヒーをください = il caffè, per favore
コーヒーを2つください = 2 caffè, per favore

大丈夫 = *letteralmente: MARITO (uomo) ALTO e POSSENTE*

練習
ESERCIZI

Quanto diamine manca all'ultima pagina?

1 Quali sono i **due numeri** che hanno più di una pronuncia?

2 Cosa **significano**: 500円 , 45才 , 2014年, 8個 e 1つ?

3 Prova a tradurre *"5 NIGIRI, PER FAVORE"* e *"DI TAVOLI CE NE SONO 2"*.

4 Completa il **CRUCIVERBA** utilizzando solo i kanji dei numeri!

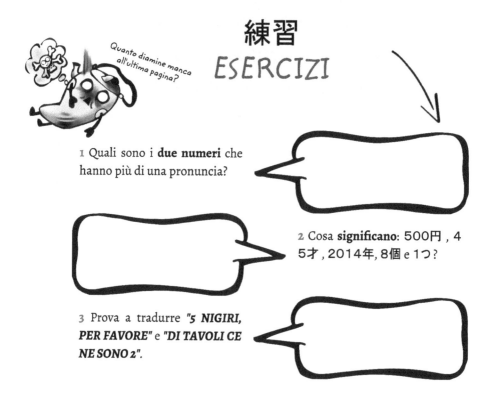

万 (1)

4

5

6 七

ORIZZONTALI
1- Le leghe sotto i mari
2- 1005?
4- Sanbyaku-kyuujuu
5- 8640
6- ななまんごせんいち

VERTICALI
1- 180 + 20
2- Millenovecentoquaran-
tuno
3- 10 x 5?
4- さんぜんろくじゅうご
5- Happyaku-nana

LE SOLUZUONI SONO A PAGINA 147!

E dopo sta pappardella... Tutti a fare shopping!

LEZIONE 十五
LE PARTICELLE DI FINE FRASE
終助詞

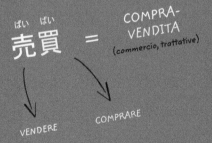

ばい　ばい
売買　＝　COMPRA-VENDITA
(commercio, trattative)

VENDERE　　COMPRARE

"Ti prego, almeno tu non smettere mai con queste lezioni. Solo in questo video mi hai illuminato su alcune cose che non sapevo. GRAZIE"
Ashya Hiroko

LE PARTICELLE DI FINE FRASE
終助詞

15

Ancora PARTICELLE? Sì, miei cari fanciulli. Ma questa volta non affronteremo particelle *normali*, bensì PARTICELLE DI FINE FRASE. Ma perché sono diverse da quelle *normali*? Perché NON hanno una qualche funzione grammaticale, ma servono solo a *"darsi un tono"*.

INDOVINATE DOVE VANNO

Anche dopo です *DESU*

Chiaramente, queste **PARTICELLE** vanno ALLA FINE della frase. Ma proprio alla fine!

a re wa mizu **da** [yo]
あれは 水だ [よ]

ko no su shi wa **ta be na i** [ne]
この寿司は **食べない** [ね]

so no ei ga wa **omo shiro i** [wa]
その映画は **面白い** [わ]

Che significato hanno? Grammaticalmente... **NESSUNO**. Sul serio! Cioè, se provate a togliere queste particelle, a livello grammaticale **il significato della frase non cambia**. La frase è sempre quella! Quello che cambia è **l'emozione** o **l'intonazione** **che si vuole trasmettere** .

SMORZANO IL だ

Ricordate? Avevamo visto a *PAGINA 57* che **il verbo essere** (だ DA) non è necessario in una frase. Non serve mettere **NULLA**, se vogliamo esprimere un *"verbo essere"* normale, perché aggiungendo だ è come se gridassimo ciò che stiamo dicendo. Ma c'è una *news*:

se appiccichiamo una **particella di fine frase** a だ, renderemo questo povero だ a portata di **ogni occasione**, creando un **verbo essere** *"normale"* (*più la sfumatura che rende la particella*)!

Per parlare **FORMALE** *metto* です

ma ri o wa i ta ri a jin [de su]
マリオは イタリア人 [です]

MARIO [È] ITALIANO

ma ri o wa i ta ri a jin [...]
マリオは イタリア人 [...]

MARIO [È] ITALIANO

Forma **PIANA**, *senza sfumature*

Forma **PIANA**, *ma è un* **GRIDO**

ma ri o wa i ta ri a jin [da]
マリオは イタリア人 [だ]

MARIO [È] ITALIANOOOO

ma ri o wa i ta ri a jin [da ne]
マリオは イタリア人 [だね]

MARIO [È] ITALIANO, EH?

Forma **PIANA**, *con sfumatura* "EH?"

Proviamo con **元気な** *GENKI-NA* (*in salute*) e rispondiamo a **元気？**GENKI? (*Come va?*) con:

gen ki [de su]
元気 [です] !

gen ki [...]
元気 [...] !

gen ki [da]
元気 [だ] !

gen ki [da yo]
元気 [だよ] !

Risposta formale

Risposta **normale**

Esclamazione assurda

Esclamazione naturale

KA か ?

Il か KA si aggiunge alla fine per fare **domande FORMALI**, quindi *per ora* ricordatevi che si usa in coppia con il **DESU** = ですか DESU KA?, ma può succedere che venga tagliato *(es. pagina 83)*.

Per fare le domande in forma **PIANA** non serve nulla! Se si usa か KA nelle domande piane si esprime *sorpresa*, tipo *"Eh!?! Quella è la Francia!?"*.

a so ko no nattou wa su ki de su **ka**
あそこの 納豆 は 好きです**か** ?
E IL NATTOU DI LAGGIÙ, TI PIACE?

so no chi zu wa   fu ra n su
その 地図 は... フランス？
QUELLA CARTINA... È LA FRANCIA?

NE ね NO?

Il ね NE è incredibilmente somigliante al *NEH?* **piemontese**! Per esempio, in Piemonte si potrebbe chiedere *"È buono, neh?"*, che sarebbe come dire *"È buono, vero?"* o *"È buono, no?"*, ma non è che ci si aspetti una risposta... È un po' *un intercalare*! Allo stesso modo, possiamo usare ね NE per chiedere *una conferma "retorica"*.

nihon go wa   kan tan da **ne**
日本語 は 簡単 だ**ね** ?
IL GIAPPONESE È FACILE, NO?

wa a   tou kyou wa i i **ne**
わー！東京 はいい**ね** ！
WOW! TOKYO È BELLA, EH!

YO よ !

Quando vedete よ YO, dovete più o meno considerarlo un punto esclamativo (!), perché serve proprio a questo: a **esclamare** qualcosa. Aggiungendo よ YO a una frase, *non la si sta dicendo in tono piatto*, ma la si sta **esclamando**, quindi *si rafforzano i concetti*, le idee, le opinioni... proprio come un **punto esclamativo**!

ko re wa me cha o i shi i **yo**
これ は めちゃおいしい **よ**
QUESTO È MOLTO BUONO!

yuu ko wa   i ta ri a ni ki ta **yo**
優子 は イタリアに来た **yo**
YUKO È ARRIVATA IN ITALIA!

NO の ???

Il の NO *(che non c'entra niente con il の possessivo di pag. 63!)* viene usato per fare delle domande **INFORMALI**. Già, abbiamo visto che nelle domande in forma piana **non serve** mettere nulla, ma aggiungendoci の esprimeremo una voglia di sapere **più forte** *(in italiano questo effetto lo otteniamo mettendo un MA all'inizio della frase)*.

karura wa mou kae ru **no**
カルラ は もう 帰る **no** ?
MA CARLA TORNA GIÀ?

a na ta wa   ei go mo waka ru **no**
あなた は 英語も 分かる **no** ?
MA TU CAPISCI ANCHE L'INGLESE?

NA な VERO!? AHH...

La particella な NA potremmo definirla la versione **"più grezza"** del ね NE di prima: ha la stessa sfumatura di *"...no?"*, ma in versione più "maschile" e **informale**, ma **non** volgare!

Ha anche un'altra funzione! Viene usata *(da tutti)* in varie occasioni per **"sfumare" la frase**, esprimendo come un *"Ahh..."* sospirato.

a no sumaho wa kimi no mono da **na**
あの スマホ は キミの もの だ**na**?
QUELLO SMARTPHONE È TUO, **VERO**?

nani so re   mecha kusa i **na**
何それ ？めちゃ 臭い **na** ！
MA CHE È? **AHH**, CHE SUPER PUZZA!

SA さ SAI... ECCO...

La sfumatura che rende さ SA è la più difficile da tradurre: di solito la si mette *alla fine della "prima parte" di frase* per creare una sorta di "pausa" emozionale, per quando si esita un po' perché si sta per dire qualcosa di **difficile** da esporre... Si può tradurre con un *"Sai..."* oppure *"Ecco, vedi..."*, nel senso: *"è difficile da dire, ma..."*.

jitsu wa **sa**   su ki ja na i
実 は**sa**... 好きじゃない
ECCO, IN VERITÀ... NON MI PIACE

ashita wa **sa**   ni hon ni kae ru
明日 は**sa**... 日本 に 帰る
DOMANI, SAI... TORNO IN GIAPPONE

WA わ !

La particella わ WA *(che sta volta si scrive proprio con lo hiragana di WA, a differenza della particella は)*, possiamo considerarla come una **versione femminile** di よ YO, quindi è come se fosse un (!). よ viene usato anche dalle donne, ma わ è più *"da signore"* (ed è un po' da *manga*). Ah, in certi dialetti lo usano anche gli uomini!

sa ra wa   umi ni i ku tte i tta **wa**
サラ wa   海に行くって言った **wa**
SARA HA DETTO CHE VA AL MARE!

watashi no musuko   no ie wa furu i **wa**
わたしの 息子 の家 は 古い **wa**
LA CASA DI MIO FIGLIO È VECCHIA!

NEGLI ANIME SENTO SEMPRE ぞ E ぜ... SONO PARTICELLE DI FINE FRASE?

Potremmo definire ぞ ZO e ぜ ZE come le versioni "da manga" di よ YO, quindi dei punti esclamativi *molto "maschiacci". A dirla tutta, ぞ si sente nelle frasi rivolte* agli altri *(行くぞ! = ANDIAMO!) mentre ぜ è più per parlare con* se stessi *(行くぜ! = VADO!) . Però nella vita reale non vengono usate spesso...*

FRASI D'ESEMPIO

Non c'è molto da spiegare... Si tratta più che altro di *"sensibilità linguistica"* ... Un po' di **frasi**?

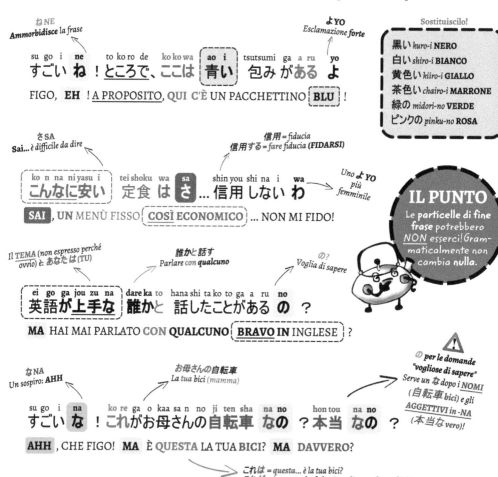

ね NE
Ammorbidisce *la frase*

よ YO
Esclamazione **forte**

Sostituiscilo!

黒い *kuro-i* **NERO**
白い *shiro-i* **BIANCO**
黄色い *kiiro-i* **GIALLO**
茶色い *chairo-i* **MARRONE**
緑の *midori-no* **VERDE**
ピンクの *pinku-no* **ROSA**

su go i **ne** to ko ro de ko ko wa **ao i** tsutsumi ga a ru **yo**
すごい **ね** ！ところで、ここは **青い** 包み がある **よ**

FIGO, **EH**! A PROPOSITO, QUI C'È UN PACCHETTINO **BLU**!

さ SA
Sai... *è difficile da dire*

信用 = *fiducia*
信用する = *fare fiducia* (**FIDARSI**)

Uno よ YO
più
femminile

ko n na ni yasu i tei shoku wa **sa** shin you shi na i **wa**
こんなに安い 定食 は **さ** ... 信用 しない わ

SAI, UN MENÙ FISSO **COSÌ ECONOMICO** ... NON MI FIDO!

IL PUNTO
Le particelle di fine frase potrebbero NON esserci! Grammaticalmente non cambia nulla.

Il **TEMA** (non espresso perché ovvio) è: あなたは (TU)

誰かと話す
Parlare con **qualcuno**

の?
Voglia di sapere

ei go ga jou zu na dare ka to hana shi ta ko to ga a ru **no**
英語が**上手な** 誰かと 話したことがある **の** ？

MA HAI MAI PARLATO **CON QUALCUNO** **BRAVO IN** INGLESE ?

の per le domande "vogliose di sapere"
Serve un な dopo i NOMI (自転車 bici) e gli AGGETTIVI in -NA (本当な vero)!

な NA
Un sospiro: **AHH**

お母さんの自転車
La tua bici (mamma)

su go i **na** ko re ga o kaa sa n no ji ten sha **na no** hon tou **na no**
すごい **な** ！これがお母さんの**自転車** **なの** ？**本当** **なの** ？

AHH, CHE FIGO! **MA** È QUESTA LA TUA **BICI**? **MA** DAVVERO?

これは = *questa... è la tua bici?*
これが = *è questa che fa l'azione di essere la tua bici?*

La parola GEI-SHA (芸者) letteralmente significa "persona d'arte", ovvero **"artista"**, e in origine erano uomini! Dal 1700 in poi divenne un mestiere per sole donne. Il compito delle **GEI-SHA** era *(ed è)* intrattenere il proprio cliente con canto, musica, danza, dialettica ecc...

俺の犬は｛耳が長い｝
Parlando del mio cane
｛le orecchie sono lunghe｝

めちゃかわいい
MOLTO CARINO
sostituibile con とっても

な NA
Simile a ね NE*, ma
un po' più* grezzo

ore no inu wa mimi ga naga i ke do **me cha** ka wa i i **na**
俺の**犬**は 耳が長いけど、**めちゃかわいい** な ?

IL MIO **CANE** HA LE ORECCHIE LUNGHE, MA È **MOLTO** CARINO, VERO ?

Sostituiscilo!
上 ue **SU**
右 migi **DESTRA**
左 hidari **SINISTRA**
北 kita **NORD**
南 minami **SUD**
東 higashi **EST**
西 nishi **OVEST**

一番 = il numero uno
一番おいしい = il più buono

よ YO + ね NE
"VERO?" più *convinto*

ichi ban o i shi i re su to ra n wa **shita** ni a tta **yo ne**
一番 おいしい レストランは 下 にあった よね ?

IL RISTORANTE ｛PIÙ BUONO｝ ERA DI SOTTO , DICO BENE ?

ロシアと いう国
Il paese che si dice "Russia"

な NA *viene spesso allungato per* **intensificare** *l'emozione*

ro shi a tte i u kuni wa hiro i **na a** ro shi a go wa su ba ra shi i **shi**
ロシアっていう 国は 広い な～ ! ロシア語は 素晴らしい し

AHH , IL PAESE ｛CHE SI CHIAMA RUSSIA｝ È IMMENSO! E POI IL RUSSO È STUPENDO

って＝と

Ecco una novità! Con しSHI *si esprime*
"E POI..." *nel senso di* "**Ma non solo! Inoltre...**"

前

Questo kanji significa DAVANTI , quindi anche PRIMA *(perché qualcosa che è prima è davanti). Si compone in alto da una linea con* due passi *(che rappresentano* **l'andare avanti**), *mentre in basso da* una barca e una spada *(perché per andare avanti serve* **un mezzo e un'arma**). MAE *e* ZEN .

Esclamazione, come a rispondere a "Ma quanto costa?"

Togliete le ultime due cifre!
**35800 YEN =
358 EURO**

zen bu **de** san man go sen happyaku en de su **yo** i i de su **ka**
全部**で**、3万 5千 8百 円です よ ! いいです か ?

IN TUTTO, SONO 35800 YEN! VA BENE?

Domanda FORMALE

Qualsiasi です DESU *vediate nella vita, è sempre* **in più**! *Potrebbe* **NON** *esserci!*

watashi wa gen ki **yo** to ko ro de a re wa a na ta ta chi no ie **yo ne**
私 は 元気 よ ! ところで、あれは あなたたちの 家 よね ?

IO STO BENE! **A PROPOSITO**, QUELLA È CASA VOSTRA, VERO ?

Anche だよね *sarebbe naturale, ma* **senza** だ *è più* "**femminile**"

mi ra no ya be ru ga mo ni i ku koto wa ko n na ni kan tan **na no**
ミラノ や ベルガモに 行くことは こんなに 簡単 なの ?

MA ANDARE A MILANO E BERGAMO È COSÌ SEMPLICE?

Solo か, ね, よ わ し *si usano anche nel* LINGUAGGIO FORMALE

ミラノ や ベルガモ ⟶ ミラノ と ベルガモ
Milano e Bergamo (e altre) *Milano e Bergamo (e basta)*

DIALOGO

Come avete visto, le **particelle di fine frase** sono un argomento molto *profondo*, e serve acquisire un po' di "*elasticità mentale*" per poter cogliere la sfumatura che rendono. Occhio che <u>non</u> cambiano il significato grammaticale della frase, ma l'intonazione con cui ci si esprime! Nel DIALOGO due amici <u>parlano di viaggi</u>... Vediamo come usano le **particelle**!

RYO KOU SU RU KO TO WA TANO SHI I NE
旅行することは 楽しいね！

TOKU NI A ME RI KA GA DAI SU KI YO
特にアメリカが大好きよ

Viaggiare è divertente, vero? Specialmente adoro l'America!

I I NA A FU RA N SU YA
いいな〜！フランスや

I TA RI A WA DO U DA T TA NO
イタリアは どうだった の？

Ahh, che bello! Ma la Francia, l'Italia ecc, com'erano?

ATASHI WA YO O RO P PA NI WA NE
私は、ヨーロッパにはね

MA DA I T TA KO TO NA I NO
まだ行ったこと ないの！

Io, in Europa, eh... È che non ci sono ancora andata!

むずかしくないよね？
Non è difficile, dico bene?

ANALISI del TESTO

Ma quanto sono utili queste **particelle**? I giapponesi ci tengono tantissimo a questa *"cultura linguistica"*, perché non usano tutte le intonazioni che usiamo noi con la voce... Cioè, noi possiamo dire **"Cavoli, che roba!"** in tanti modi diversi, e in base *"all'emozione"* con cui la diremo il significato cambierà... Ecco, in giapponese questa cosa si rende con le particelle!

Si inizia con 旅行することは **RYOKOU SURU KOTO WA**, il TEMA della frase. 旅行 significa **"viaggio"**, ma se ci aggiungiamo **"FARE"** (する) otteniamo 旅行する, ovvero *"fare un viaggio"*, quindi *"viaggiare"*. A questo **VERBO IN -する** ci appiccichiamo こと (in kanji si scrive 事), che significa *"cosa astratta"*, *"fatto"*. Basta mettere こと dopo un verbo per renderlo un sostantivo! Quindi se 旅行する è *"VIAGGIARE"*, 旅行すること significa *"il fatto di viaggiare"*.
E *"il fatto di viaggiare"* lo descrive con 楽しい **TANOSHII**, un **aggettivo in -い** che vuol dire **"divertente"**: *"il fatto di viaggiare è divertente"*, ovvero **"viaggiare è divertente"**.
Questa affermazione viene un po' *ammorbidita* dalla particella di fine frase ね **NE**, che serve proprio per rendere quella sfumatura molto morbida di **"vero?"**, **"eh?"**, **"non trovi?"**.
Poi la frase continua con 特に **TOKU NI**, cioè *"specialmente"*, *"in modo particolare"*, e infine アメリカが大好きよ **AMERIKA GA DAI-SUKI YO**. Se l'aggettivo 好きな **SUKI NA** vuol dire *"che piace/piaciuto"*, aggiungendoci il kanji di **"GRANDE"** (大) si ottiene 大好きな (che si **adora/adorato**). アメリカ è marcata dalla particella が perché questa frase in realtà è dentro il *"cerchio"* di 私は **WATASHI WA** (per quanto riguarda me... **adoro l'America**), ma è stato omesso per evitare l'effetto di esclusione *"A ME... (e non ad altri)"* che porta は. Il punto però è quel よ finale, che esprime un'esclamazione! *Andrebbe bene anche senza, ma* よ *rafforza l'opinione*.

Anche 大好きだよ *va bene, ma evitare* だ *è più femminile*

私は
↑
特に
アメリカが
大好き

Io (non so voi)

adoro in particolare l'America

E l'amico risponde いいなー **II NAA**, dove abbiamo l'aggettivo いい (bello/buono/ok/che va bene...) e la particella di fine frase な che crea una sfumatura un po' *"sognante"*, e si traduce con **"ahh..."**. Poi chiede フランスやイタリアは **FURANSU YA ITARIA WA**, ovvero *"per quanto riguarda la Francia e l'Italia"*. Notate quello や, che significa **"e"** (esattamente come と **TO**) ma dà la sfumatura che l'elenco continui (Francia **e** Italia, *ma anche le altre nazioni...*).
E infine どうだったの？ **DOU DATTA NO?**, dove l'interrogativo どう significa **"come"**, mentre だった è chiaramente il **passato di** だ (il VERBO ESSERE), quindi **"era"**.
Con どうだった？ sta chiedendo **"Come era?"**, nel senso di **"Com'erano? (la Francia e l'Italia)"**. Ma aggiungendoci quella particella の？ alla fine, sta aumentando *l'intensità* della domanda, e questo effetto noi lo rendiamo con il **"ma"** all'inizio = **"Ma la Francia e l'Italia com'erano?"**.

まだ
con verbi affermativi ANCORA
con verbi negativi NON ANCORA

La ragazza risponde 私は **ATASHI WA**, **"Io..."**. **WATASHI** nella lingua parlata viene *contratto* in **"ATASHI"** (ma è molto femminile). Poi ヨーロッパにはね **YOOROPPA NI WA NE**, ovvero **"Per quanto riguarda in Europa... (ヨーロッパには)"**. Però la ragazza fa come una *"pausa"* usando la particella ね, quindi la usa come un intercalare, della serie **"In Europa, no?"**, **"In Europa, eh"**. E infine まだ行ったこと(が)ない **MADA ITTA KOTO (GA) NAI**, cioè **"il fatto di essere andata, non c'è ancora"**, quindi **"non ci sono ancora andata"** (**GA** è stato tagliato). Ma alla fine aggiunge の, che può *anche* essere usato per dare la sfumatura di *spiegazione* **"è che..."**.

いいね
Che bello

| 旅 **VIAGGIO** たび/リョ | 行 **ANDARE** いく/コウ | 楽 **DIVERTENTE** たのしい/ガク |
| 特 **SPECIALE** トク | 好 **PIACERE** すきな/コウ | 私 **IO/PRIVATO** わたし/シ |

行ったことがないの！ = *è che non ci sono mai andata!*
(per questo non so dirti se è bella o no...)

練習
ESERCIZI

Ma è fumo quello che mi esce dalla testa?

1 A cosa servono le **PARTICELLE DI FINE FRASE**? Si mettono <u>prima</u> del verbo?

2 Quali sono <u>le particelle di fine frase</u> usate anche nel linguaggio **FORMALE**?

3 Che differenza hanno le particelle **よ YO**, **わ WA** e **ぞ ZO**?

4 Ma è corretta e naturale la frase 「これは 簡単よ」? e 「これ は 簡単だよ」?

5 Che **particella** useresti per esprimere queste frasi? Collegale!

1 In birreria, un uomo al suo amico: *"Oggi fa caldo, **eh**?"*

2 Il protagonista di un anime dice: *"Li catturerò tutti!"*

3 Una signora altolocata esclama: *"Oggi sto benissimo!"*

4 Non riesco a dire alla mia amica che mi piace, ed **esito** un po'

わ

ぜ

な

さ

LE SOLUZUONI SONO A PAGINA **148**!

124

簡単だった<u>よね</u>？

LEZIONE 十六
L'ORA e LA DATA
時間と日付

戦前 （せんぜん） = PRIMA DELLA GUERRA (l'anteguerra)

GUERRA   PRIMA/DAVANTI

Questa lezione 16 è strettamente legata alla LEZIONE 14 *(quella sui NUMERI)*. Se non li avete ancora imparati bene, andateli a ripassare, perché conoscendo *i numeri* questa lezione sarà una passeggiata. Impariamo a dire l'ORA e la DATA, una cosa utilissima!

CHE ORE SONO?

Cominciamo subito con la domanda *fatidica*, anche se alla fin fine **la chiederemo** al massimo nei momenti in cui non abbiamo lo smartphone sottomano... Comunque, per ogni evenienza, eccola qui:

Come sempre, il VERBO ESSERE (だ) non serve

nan ji
何時？
CHE ORE SONO?

Per chiederlo a sconosciuti, basta aggiungere です e か (domanda formale):
何時ですか？

La parola 何 **NANI** *(che abbiamo visto a PAGINA 102)* letteralmente significa **"CHE COSA?"**, mentre 時 JI è un contatore! Ricordate? Li abbiamo accennati a *PAGINA 113*. Indovinate di che contatore si tratta... Ovviamente del **CONTATORE DELLE ORE**! Oh *yeah*, tutto torna.

Con 何時 **NAN JI?** stiamo chiedendo **"CHE COSA ORA?"**, quindi **"CHE ORE?"**. Ah, 何 **NANI** si contrae in **NAN** quando è appiccicato a un **contatore**! Ottimo, e per rispondere useremo:

NUMERO + 時 JI *(il contatore delle ore)*

ichi ji	yo ji da yo	shichi ji da	hachi ji de su
一時	4時だよ	七時だ！	8時です
È L'UNA	SONO LE 4!	SONO LE SETTEEE!	SONO LE 8.

asa no ku ji	go go no san ji na no	yoru no juu ji da ne
朝の9時！	午後の3時なの？	夜の十時だね
SONO LE 9 DI MATTINA!	MA SONO LE 3 DI POM.GGIO?	SONO LE 10 DI SERA, NO?

⚠ **ATTENZIONE A QUESTE LETTURE SPECIALI**
(*yonji, nanaji* e *kyuuji* sono sbagliate)

NOME + の
Ci vuole il の

I MINUTI

Wè, fantastico! Sappiamo dire l'**ora**! Adesso non resta che imparare a dire i MINUTI: basta usare il **contatore** 分 FUN.

IL PUNTO
Le letture dei MINUTI che danno un pochino di <u>problemi</u> sono quelle di 1, 3, 4, 6, 8 e 10... Ma è solo una questione <u>fonetica</u>!

go ji   fun
5時 [...] 分

SONO LE 5 E [...]

Bisogna solo fare attenzione ad alcune pronunce un po' <u>IRREGOLARI</u>, che sono:

1	3	4	6	8	10
ippun	*sanpun*	*yonpun*	*roppun*	*happun*	*juppun*
一分	三分	四分	六分	八分	十分

⚠

ima   **nan ji**   ka na
今、[何時] かな？

かな？
Una nuova particella di fine frase!
Esprime il dubbio: "CHISSÀ...?"

ADESSO [CHE ORE] SARANNO?

In giapponese si dice
日本は 何時？
IL GIAPPONE CHE ORE SONO?
e non
日本に 何時？ ✗
In Giappone che ore sono?

ko ko wa   schichi ji   kyuu fun   da yo   ni hon wa   **nan ji**
ここは [七 時 九 分] だよ。日本は [何時]？

QUI SONO [LE 7 E 9]. IN GIAPPONE [CHE ORE SONO]？

yoru no   roku ji   nijuppun   ni a u ne
夜の [6 時 20分] に会うね！

CI VEDIAMO ALLE [6 E 20] DI SERA, EH!

ALLE 6 (6時に), ALLE 10 (10時に), ALLE 4 (4時に)...
Si usa sempre に NI, anche se si tratta di verbi di AZIONE come 会うAU (incontrarsi).
Non si usa mai でDE!

ima   yo ji   juugofun   mae   de su
今、[4時 15分 前] です。

MINUTI + 前(prima) = MENO...

ADESSO SONO [LE 4 MENO 15].

bo ru tsa a no wa   ima   **go go no**   ni ji han   yo ne
ボルツァーノは 今、午後の [2時半] よね？

半 HAN = e mezza

A BOLZANO ADESSO SONO [LE 2 E MEZZA] DI POMERIGGIO, VERO?

2時半だよね
è più maschile

In tutto il 2007, **il ritardo accumulato** complessivamente da un singolo 新幹線 SHINKAN-SEN, il treno super-veloce, è stato di appena <u>18 secondi</u> *(18秒 juuhachi-byou)*! Si includono tra le cause gli eventi impossibili da *gestire*, come improvvise nevicate ecc.

SSHHH

⚠ Le letture IRREGOLARI restano anche con le **decine**:
21 分 *nijuuippun*   14分 *juuyonpun*   24分 *nijuuyonpun*

E adesso impariamo MESI e GIORNI! ⟶

あした　はちがつ　むいか
明日は 八月 六日

I MESI

I giapponesi **non** chiamano i mesi con un loro *"nome"* come facciamo noi (*gennaio, febbraio ecc*), ma usano i **numeri** (mese 1, mese 2, mese 3...). Basta conoscere il <u>contatore per i MESI</u>, ovvero 月 GATSU ! Già, è il kanji di LUNA (*tsuki*): i mesi si contano *con le fasi lunari, no?*

ichi 一月	ni 二月	san 三月	shi 四月 ⚠
GENNAIO	FEBBRAIO	MARZO	APRILE

go 五月	roku 六月	schichi 七月 ⚠	hachi 八月
MAGGIO	GIUGNO	LUGLIO	AGOSTO

ku 九月 ⚠	juu 十月	juu ichi 十一月	juu ni 十二月
SETTEMBRE	OTTOBRE	NOVEMBRE	DICEMBRE

なん がつ
何月？
Che mese è?

Questo kanji significa AMICO e la sua forma deriva semplicemente da <u>due mani</u> che sono sul punto di <u>stringersi</u>, per dare proprio il senso di **"AMICIZIA"**. Queste mani ovviamente si sono molto **stilizzate** nel tempo...
Le sue due pronunce sono TOMO oppure YUU .

↪ AMICO si dice 友達 TOMO*DACHI*

La **data** in giapponese viene espressa praticamente <u>al contrario</u> rispetto alla nostra, cioè ANNO + MESE + GIORNO. Basterà utilizzare i tre contatori adatti: 年 NEN, 月 GATSU e 日 NICHI!
Per esempio la data: 1992年10月31日 *sen-kyuuhyaku-kyuujuuni-nen juu-gatsu sanjuu-ichi-nichi*: 31 OTTOBRE 1992.

I GIORNI DEL MESE

Per contare i **GIORNI** del mese (*l'uno, il due, il tre ecc...*) basterà usare il contatore apposito, ovvero 日 NICHI. Fate solo attenzione ai **PRIMI 10** , che hanno tutti letture <u>IRREGOLARI</u>, mentre gli altri **(A PARTE LE ECCEZIONI)** si compongono con la struttura **NUMERO+日 NICHI** !

tsuitachi 1 一日	*futsuka* 2 二日	*mikka* 3 三日	*yokka* 4 四日	*itsuka* 5 五日	*muika* 6 六日	*nanoka* 7 七日
youka 8 八日	*kokonoka* 9 九日	*touka* 10 十日	*juuichinichi* 11 十一日	*juuninichi* 12 十二日	*juuyokka* ⚠ 14 十四日	

juugonichi 15 十五日	*juukunichi* ⚠ 19 十九日	*hatsuka* 20 二十日	*nijuuyokka* ⚠ 24 二十四日	*nijuukunichi* ⚠ 29 二十九日

なん にち
何日？ Che giorno del mese è?

Anche se si compie un'azione, dopo ORE, MESI e GIORNI si mette solo に *NI e mai* で *DE! (3月に来る arrivo a marzo).*

げつようび きら
月曜日は 嫌いだよ

MA PERCHÉ NELLA PAROLA 日曜日, IL KANJI 日 SI LEGGE SIA "NICHI" CHE "BI"?
Perché 日 significa sia "GIORNO" che "SOLE", e inoltre si può pronunciare "HI", "NICHI", "JITSU", "KA"... Già, è un ideogramma impegnativo! Nella parola 日曜日 NICHI-YOU-BI (domenica), il primo 日 significa "SOLE" (letto **NICHI**) *mentre il secondo significa "GIORNO" (***HI***, ma si sonorizza in* **BI**)!

なん よう び
何曜日？
Che giorno della settimana è?

I GIORNI DELLA SETTIMANA

La parola d'ordine per formare i giorni della settimana è 曜日 YOU-BI, letteralmente GIORNO (日) LUMINOSO (曜), ma significa semplicemente **"GIORNO DELLA SETTIMANA"**. Aggiungendo prima di 曜日 YOU-BI alcuni ELEMENTI , potremo ottenere:

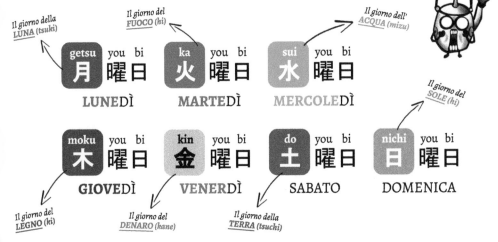

Il giorno della LUNA (tsuki)
getsu you bi
月曜日
LUNEDÌ

Il giorno del FUOCO (hi)
ka you bi
火曜日
MARTEDÌ

Il giorno dell' ACQUA (mizu)
sui you bi
水曜日
MERCOLEDÌ

Il giorno del SOLE (hi)
nichi you bi
日曜日
DOMENICA

moku you bi
木曜日
GIOVEDÌ

kin you bi
金曜日
VENERDÌ

do you bi
土曜日
SABATO

Il giorno del LEGNO (ki)

Il giorno del DENARO (kane)

Il giorno della TERRA (tsuchi)

CHE TEMPO FA?

In ultimo, impariamo un paio di cosette sul tempo atmosferico. **"CHE TEMPO FA?"** si dice:

あつ
暑いね？
FA CALDO, EH?

ten ki wa do u
天気 はどう？
IL TEMPO COM'È?

さむ
寒いね？
FA FREDDO, EH?

kyou wa i i ten ki
今日は いい天気 ！
OGGI FA BEL TEMPO !

ashita wa waru i ten ki de su
明日は 悪い天気 です
DOMANI FA BRUTTO TEMPO

sangatsu ni juu shichinichi wa ame ga fu ru yo
三月 二十七日 は 雨が降る よ
IL 27 MARZO PIOVE !

kin you bi wa kumo ri da t ta
金曜日は 曇り だった
VENERDÌ ERA NUVOLOSO

雨が降る cade la pioggia

DIALOGO

Non è fantastico? Conoscendo i numeri giapponesi possiamo dire **ORARI**, **MESI** e persino **GIORNI DEL MESE**! Ma attenzione alle varie <u>ECCEZIONI</u>, che si verificano spesso con i numeri 1, 3, 4, 6, 8 e 10. Ah, abbiamo anche affrontato i **GIORNI DELLA SETTIMANA** e il **TEMPO METEOROLOGICO**... Coraggio, ecco un DIALOGO tra due amici che passeggiano!

IMA　ICHI JI　NIJUPPUN NE
今、1時20分ね。

NAN JI　NI HIRA KU NO　　KISSA　TEN
何時に 開くの？喫茶店。

Adesso è l'una e venti, eh? A che ora apre il bar?

E　E TO NE　　　A NO O MISE WA SA
えーとね... あのお店はさ、

SENSHUU NO　KA YOU BI　KA RA MO U NA I
先週の 火曜日からもうない

Ehm, eh... Sai, quel locale... Non c'è più da martedì scorso

SO U NA NO　　KOTOSHI NO SHI GATSU
そうなの？今年 の 4月

FUTSUKA　NI　KAI TEN SHI TA NO NI
2日 に 開店したのに！

Ehhh, ah sì? Ma se ha aperto il 2 aprile di quest'anno!

えーと...
Ehm...

ANALISI del TESTO

Vi state accorgendo che le frasi che vediamo diventano sempre **più complesse**? Si aggiungono particelle *normali*, aggettivi, verbi, particelle di fine frase, numeri, contatori... e voi riuscite a capirle! Dai, è troppo divertente, non potete negarlo! Ora però è il momento di analizzare il DIALOGO, nel quale sono apparsi **ORARI**, **GIORNI**, **DATE** e non solo.

La ragazza ha voglia di caffè e dice al suo amico 今、1時20分ね , dove 今 è "adesso", ma il punto è che parole come: **ieri, oggi, domani, adesso, l'anno prossimo**, in giapponese non hanno bisogno di particelle (に, で ecc.), ma possono avere la particella は WA nel caso serva. Poi abbiamo l'orario, ovvero 1時, cioè "l'una" (1 + il contatore delle ore 時) e subito dopo i minuti, **20分** (che attenzione si legge **ni-juppun**, e non *ni-juu-fun*)! Infine troviamo la particella di fine frase ね, che ammorbidisce l'affermazione = "**Adesso, è l'una e venti, eh?**".

> 1時20分だね
> è più maschile

Poi continua con 何時に開くの？ . La parte 何時に significa letteralmente "**in che ora**", con la particella に che marca gli orari (**non si usa mai** で). Il verbo che appare subito dopo è 開く, ovvero "aprire", che è un verbo di **AZIONE**! Ciononostante la particella che marca 何時 (che ora) sarà sempre に. Quindi, 何時に開く？= letteralmente, "**In che ora aprire?**", nel senso di "**A che ora apre?**". La particella di fine frase の esprime una domanda più intensa, quindi: "**Ma a che ora apre?**". Però... *di che cosa sta parlando?* Ce lo dice adesso: 喫茶店 , "**la caffetteria**", "**il bar**". Come succede spesso nel linguaggio di tutti i giorni (*anche in italiano*), piuttosto che dire 喫茶店は何時に開くの = "**Ma la caffetteria, a che ora apre?**", sarà un po' più "sciolto" e naturale **spostare il TEMA dopo la domanda**, quasi come se fosse *un elemento extra da dire in più*: 何時に開くの？喫茶店 = "**Ma a che ora apre, la caffetteria?**". Lo facciamo anche noi!

> Se fosse
> 今は
> la sfumatura diventerebbe:
> "**ADESSO**
> (e non in altri momenti)"

L'amico, un po' turbato, risponde えーとね , un semplice **intercalare**. L'espressione えーと si usa quando si sta pensando a cosa dire (*ehm*), e la particella ね qui è usata soltanto per prendere fiato, come *una "pausa"*, della serie "**Ehm, eh**". Poi continua con あのお店はさ . Il TEMA di questa frase è quindi あのお店 , ovvero "**quel negozio/quella attività/quel locale**" (**notate che 店 *mise* (NEGOZIO) ha una bella お di rispetto davanti**) ! Però questo TEMA è accompagnato dalla particella enfatica さ, che si usa quando si sta per dire qualcosa di difficile da esprimere, come un insulto o una brutta notizia. Si traduce con "**Sai... ecco...**". Ma il punto è 先週の火曜日から , dove 先週 significa "**la settimana scorsa**" e 火曜日 è "**martedì**" (*il giorno del fuoco* = 火). Ci aggiungiamo から (da) e otteniamo "**dal martedì della settimana scorsa**". *Ma che cosa?* もうない . Il verbo è ない, ovvero il **negativo** di ある, "**esserci**" (*che si usa con le cose inanimate*)! Invece もう è una parolina molto utile che significa "**più**". Quindi もうない = "**non c'è più**". *Da quando?* = "**dal martedì della scorsa settimana**".

> Tra NOME e の ci vuole な!
> そうなの？
> Ma è così?

Così l'amica esclama そうなの？ , letteralmente *"Ma è così?"*, cioè un forte "**Ah sì?**", e continua con 今年の4月2日に dove 今年 significa "**quest'anno**" e la data 4月 (*il mese 4*) 2日 (*il giorno 2*) sarebbe "**il 2 aprile**". Poi abbiamo la particella に, che **si usa per DATE e orari**, ovvero: 今年の4月2日に = "**nel 2 aprile di quest'anno**". *Cos'è successo?* 開店した = "**ha aperto (il negozio)**". E infine troviamo la particella di fine frase のに , che esprime "**eppure.../ma se...!**". *Ve la ricordavate?*

> 開店する
> verbo in suru

> 分 in realtà significa **DIVIDERE** perché l'ora **si divide in minuti** e se qualcuno **capisce**, divide il giusto dallo sbagliato

練習
ESERCIZI

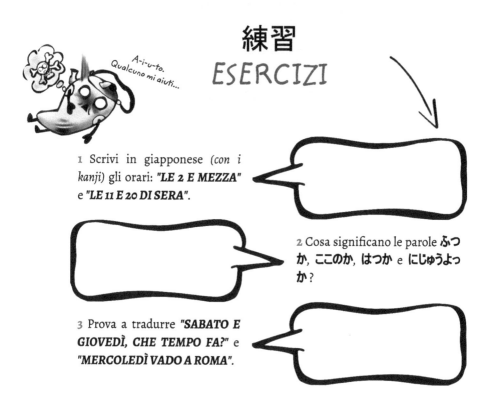

A-i-u-to.
Qualcuno mi aiuti...

1 Scrivi in giapponese *(con i kanji)* gli orari: **"LE 2 E MEZZA"** e **"LE 11 E 20 DI SERA"**.

2 Cosa significano le parole **ふつか**, **ここのか**, **はつか** e **にじゅうよっか**?

3 Prova a tradurre **"SABATO E GIOVEDÌ, CHE TEMPO FA?"** e **"MERCOLEDÌ VADO A ROMA"**.

5 Trascrivi con i nostri numeri **le date** riportate in *rooma-ji*!

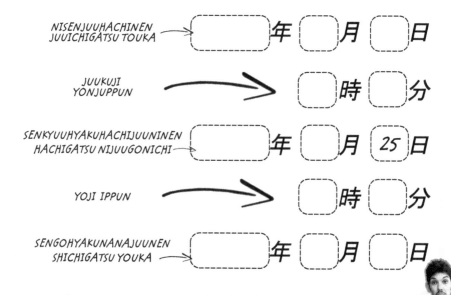

NISENJUUHACHINEN
JUUICHIGATSU TOUKA → ☐年 ☐月 ☐日

JUUKUJI
YONJUPPUN → ☐時 ☐分

SENKYUUHYAKUHACHIJUUNINEN
HACHIGATSU NIJUUGONICHI → ☐年 ☐月 25日

YOJI IPPUN → ☐時 ☐分

SENGOHYAKUNANAJUUNEN
SHICHIGATSU YOUKA → ☐年 ☐月 ☐日

LE SOLUZUONI SONO A PAGINA **148**!

La prossima è l'ultima...

レッスン 十七

LA FORMA IN -TE

テ形

友情 = SENTIMENTO
DI AMICIZIA
(l'amicizia)

ゆう じょう

AMICO   SENTIMENTO

"Mi piacciono un sacco le tue video-lezioni. Mi raccomando, non smettere!"
Veronica P.

LA FORMA IN -TE
て形

十七

Ci siamo, ragazzi miei. Con dispiacere vi annuncio che siamo giunti all'<u>ultima lezione</u> di questo libro! Ma, ehi... Vi rendete conto di che progressi abbiamo fatto? *Partendo da ZERO, eh!* Complimenti! Chiudiamo in bellezza con una <u>FORMA VERBALE</u> davvero *troppo* utile.

COME SI CREA

Anzitutto, che cos'è sta benedetta FORMA IN -TE? In realtà è molto semplice: è una speciale forma grammaticale di **VERBI** e **AGGETTIVI**, e il nome ci dice già tutto: si chiama *FORMA IN -TE* perché appunto i VERBI e gli AGGETTIVI coniugati in questa forma:

> **FINIRANNO IN** -て TE

I suoi <u>usi</u> sono tanti e utilissimi, per questo è una forma grammaticale davvero *molto* importante: nelle prossime pagine vedremo a cosa serve. Ma come si coniugano i **VERBI** e gli **AGGETTIVI** alla FORMA IN -て? È molto più facile di quanto immaginate... Guardate:

VERBI ⟶ si toglie il た del <u>passato</u> e si mette て

AGGETTIVI IN -い ⟶ si toglie la い e si mette くて

AGGETTIVI IN -な ⟶ si toglie il な e si mette で

Sarebbe て TE, ma si sonorizza in でDE!

Quindi, per i **VERBI** basta trovare il passato del verbo e trasformare l'ultima た in て. *Una cavolata!* Attenzione agli **AGGETTIVI IN** い che vogliono una く prima di て! Per esempio:

IL PUNTO
VERBI e *AGGETTIVI* possono essere coniugati nella FORMA IN -て, e questa ha *vari* utilizzi.

MANGIARE ⟶ 食べる ⟶ 食べた ⟶ 食べて

ALTO ⟶ 高い ⟶ 高くて

IMPORTANTE ⟶ 大切な ⟶ 大切で

I verbi che hanno un passato che finisce in だ DA, nella loro **FORMA IN -TE** finiranno in DE = 読んだ → 読んで

いそが
忙しくて 時間がない
Sono impegnato e non ho tempo

高

Il significato di questo kanji è **ALTO**, e la sua origine è davvero molto intuitiva. Si tratta infatti della stilizzazione di un palazzo a più piani (presumibilmente un tempio o una pagoda), e da qui il significato di **ALTO** (o alto di **prezzo**). Si legge たかい oppure コウ .

COLLEGARE DUE FRASI

La nostra bella FORMA IN -て ha principalmente 3 utilizzi, il primo dei quali è quello di **COLLEGARE DUE (o più) FRASI**. Cioè, troveremo una PRIMA FRASE che termina con la [FORMA IN -て] (e crea una pausa) seguita da UN'ALTRA FRASE. Si traduce con "e...".

間違う= essere sbagliato

と
取る
2° gruppo
PRENDERE

まちが
間違ったチケットを [取って] 地下鉄に乗った? 本当?

[HAI PRESO] IL BIGLIETTO SBAGLIATO E SEI SALITO SULLA METRO? DAVVERO?

の
乗る
2° gruppo
SALIRE
a bordo

mi alzo e...   *mangio e...*   *mi lavo e...*

くじ
9時に [起きて] 朝ご飯を [食べて] 歯を [磨いて] シャワーを浴びる

[MI ALZO] ALLE 9, [FACCIO] COLAZIONE, [MI LAVO] I DENTI E FACCIO LA DOCCIA

L'ultimo verbo è quello che ci indica se TUTTA la frase è al presente o al passato

USCIRE DA = vuole を

わたし ともだち だいがく
私の友達は 大学を [出て]、イギリスに [行って] 結婚した

IL MIO AMICO [È USCITO] DALL'UNIVERSITÀ, [È ANDATO] IN INGHILTERRA E SI È SPOSATO

写真を撮ること= il fatto di scattare le foto

しゃしん と
写真を撮ることが [好きで]、 [冬] は いつも 公園に行く

[MI PIACE] SCATTARE LE FOTO E [D'INVERNO] VADO SEMPRE AL PARCO

あき
秋 AUTUNNO
はる
春 PRIMAVERA
なつ
夏 ESTATE

FORMA -て NEGATIVA
Tolgo la い di qualsiasi ない e metto くて

がっこう えいがかん びょういん
これは 学校 [じゃなくて] 映画館 [で]、あれは 病院よ!

QUESTA [NON È] UNA SCUOLA MA [È] IL CINEMA E QUELLO È L'OSPEDALE!

La forma in -て di だ (essere) è でDE

学校 じゃなくて...
non è una scuola, e...
non è una scuola , ma...

彼は バカで何も
分からなくて、臭い
Lui è stupido, non capisce niente e puzza

あめ ふ
雨が降っている
Sta piovendo
(la pioggia **sta** cadendo)

STAR FACENDO *ADESSO*

La forma in -て viene usata anche per esprimere il nostro tempo GERUNDIO, ovvero indica **"star facendo qualcosa *adesso*, in questo momento"**. Basta coniugare nella forma in -て un VERBO e aggiungerci いる (ricordate? PAGINA 94!). Ovviamente in questo caso いる non si traduce come *"esserci"*, ma crea una vera e propria <u>costruzione grammaticale</u> chiamata:

Oltre a -なくて, esiste **un'altra** versione **NEGATIVA** della forma in -て, ma questa <u>si usa solo con i VERBI</u>! Basta coniugarli al negativo e aggiungere で DE (ovvero un て sonorizzato). Quindi ないで. Per esempio パスタを食べないで行った. Ma aspettate...

～て いる
STAR FACENDO *ADESSO*

Quindi se 飲む indica *"BERE"* in modo generale, la sua forma in -て いる, ovvero 飲んで いる indicherà proprio "**STAR** BEVENDO <u>IN QUESTO MOMENTO</u>". Ecco qualche *esempio*:

DIFFERENZE TRA なくて e ないで? SONO ENTRAMBE FORME IN *-TE* NEGATIVE, NO?

Esatto, ma la versione なくて *è "normale" e la sua sfumatura è "non fare e...", mentre* ないで *ha più la sfumatura di "<u>senza fare</u>". Guarda:* 朝ご飯を食べなくて学校に行った *asagohan wo tabenakute gakkou ni itta (non ho fatto colazione e sono andato a scuola),* 朝ご飯を食べないで学校に行った *(sono andato a scuola <u>senza fare</u> colazione) = più naturale. C'è da dire poi che* ないで *ha delle limitazioni: si usa solo con i* **VERBI** *(<u>NON</u> con gli aggettivi) e <u>non</u> si può usare con **il verbo essere**, che è sempre* じゃなくて.

なに しゅくだい ね
何をして いる ？宿題をしないで 寝て いる の？

CHE **STAI** FACENDO? MA **STAI** DORMENDO SENZA AVER FATTO I COMPITI?

宿題をする = *fare i compiti*
宿題をしないで = -*non facendo* **i compiti**
-*senza fare* **i compiti**

する = *fare*
している = *star facendo*

かいしゃ ちか にく た
会社に 近くてきれいなレストランで お肉を 食べて いる

STO MANGIANDO **LA CARNE** IN UN RISTORANTE BELLO E VICINO ALL'AZIENDA

Il ristorante è
-会社に近い *vicino all'azienda*
-きれいな *bello*

知る *shiru* **SAPERE.** *Se vieni a conoscenza di qualcosa, il tuo cervello continua a "lavorare" per saperla, quindi "SAPERE" si dice* **"STAR SAPENDO"** (知っている).

し にい いしゃ とうきょう す
知って いる ？お兄さんは 医者で 東京に 住んで いるよ！

LO SAI? MIO FRATELLO **È UN MEDICO E** ABITA A TOKYO!

住む *sumu* **ABITARE**
*La forma in -ている esprime che si ha **iniziato** a compiere un'azione nel passato, e questa azione sta continuando ancora adesso! Il fratello ha "iniziato" ad **ABITARE** a Tokyo tempo fa, e lo sta ancora facendo. Perciò si dice **STA ABITANDO**.*

Il tè verde (お茶 O-CHA) è sempre <u>gratis</u> nei ristoranti, così come l'acqua! Nei sushi a nastro (回転寿司 KAITEN-ZUSHI) per prepararsi <u>il tè verde in polvere</u> ogni postazione ha **un rubinetto con acqua calda**, e si è liberi di riempirsi il bicchiere quante volte si vuole!

SSHHH

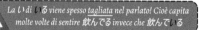

⚠️ *La* い *di* いる *viene spesso <u>tagliata</u> nel parlato! Cioè capita molte volte di sentire* 飲んでる *invece che* 飲んでいる

元気でね
Stammi bene, eh!

FARE UNA RICHIESTA

L'ultimo uso che vediamo della forma in -て è: fare una **RICHIESTA**, quindi per dire "FAI QUESTO, PER FAVORE ". La costruzione è molto semplice: VERBO IN FORMA IN -て + くださ**い** *(per favore)* !

L'OKONOMI-YAKI
お好み焼き
(letteralmente:
PIASTRA QUELLO CHE PREFERISCI) è una specie di <u>frittatona</u> che ha come base <u>acqua</u>, <u>farina</u> e <u>cavolo</u> ai quali vengono **aggiunti** *(appunto)* **gli ingredienti** che si preferiscono. Poi si cuoce sulla <u>piastra</u>!

黙る *damaru*
FARE SILENZIO

黙って乗る
significa:
fare silenzio e **salire**
oppure
salire *facendo silenzio*

ここで ちょっと 待って ください
ASPETTA UN PO' <u>QUI</u>, PER FAVORE

待つ
2° gruppo
ASPETTARE

黙って**車に乗って** 帰って ください
SALI **IN MACCHINA** IN SILENZIO E TORNA A CASA PER FAVORE

La **FORMA IN -て** prima di un altro verbo ha queste **2 sfumature!**

忘れる
1° gruppo
DIMENTICARE

この難しい単語は 忘れてね
QUESTA PAROLA DIFFICILE, DIMENTICATELA, EH

くださ**い** *può essere* **tagliato** *per essere più "diretti"*

Con よ *è una richiesta* **forte**

あの大きい [りんご] を買ってよ！
COMPRAMI QUELLA [MELA] GRANDE!

泣く
2° gruppo
PIANGERE

レモン LIMONE
スイカ ANGURIA
メロン MELONE
トマト POMODORO
ピーマン PEPERONE
たまねぎ CIPOLLA

ha detto e...

ルカさんは「行かないで ください」と言って、今は 泣いて いる
LUCA <u>HA DETTO</u> *"NON ANDARE,* PER FAVORE *"*, <u>E</u> ORA **STA** PIANGENDO

Richieste **NEGATIVE:**
-ないで ください
Non si usa
-なくて ください

Il suffisso さん *si* **aggiunge ai nomi** *delle persone con cui* <u>non</u> *abbiamo confidenza*

6 時半なのに まだ来て いない の？ 急いで ください 。
NONOSTANTE **SIANO LE 6 E 30** NON SEI <u>ANCORA</u> ARRIVATO? SBRIGATI, PER FAVORE

来る *kuru* = VENIRE. Purtroppo 来て**いる** non significa "star venendo", ma esprime "essere venuto", perché in questo momento si è nella **condizione** di "venire", perché **si è arrivati**. Il negativo, 来て**いない**, significa "essere nella **condizione** di **non** essere venuti". Lo approfondiremo nel 2° libro...

はい
入る
2° gruppo
ENTRARE

いそ
急ぐ
2° gruppo
SBRIGARSI

あの 危険で暗くて古い家 にはさ... 入らないで ください ！
ECCO, IN QUELLA **CASA** PERICOLOSA, <u>SCURA</u> E VECCHIA... **NON CI ENTRARE** PER FAVORE

...ないでください = non fare... per favore!

La casa è: 危険な *pericolosa,* 暗い *scura,* 古い *vecchia*

DIALOGO

E sapendo padroneggiare la FORMA IN -て di verbi e aggettivi, direi che siete già a un ottimo punto! Ricordatevi bene i suoi 3 usi: **collegare** due frasi, esprimere **"star facendo adesso"** e la richiesta **"fai questo"** per favore". Ma vediamo tutto questo ancora una volta nell'<u>ultimo DIALOGO</u>: un turista italiano è <u>in Giappone</u> e dice alla sua guida giapponese...

このラーメン、うまくて
大好きで 天国だと思う！

Questo Ramen è squisito, lo adoro e credo che sia il paradiso!

うん、でも覚えてる？それ

ね、ラーメンじゃなくて...

Sì, però ti ricordi? Quello lì, non è Ramen, ma è...

忘れてた！うどんって

いうね。許して〜！

Mi ero scordato! Si chiama Udon, vero? Perdonamiii!

ANALISI del TESTO

Avete visto quante belle FORME IN -て sono apparse? Datemi retta, è una forma grammaticale davvero **importantissima** perché vi permetterà di creare frasi articolate! E ora... vi annuncio tristemente che questo primo libro di TI VA DI GIAPPARE? finisce qui. Adesso avete una **solida base** del giapponese... ma l'avventura continua **nel prossimo libro**!

Si comincia con このラーメン , ovvero "questo ramen". *Com'è?* うまくて大好きで .
うまくて è ovviamente la **forma in -て** dell'*aggettivo in -i* うまい, "buono", "squisito". Essendo un *aggettivo in -i*, per coniugarlo alla **FORMA IN -て togliamo l'ultima い e mettiamo くて**: otteniamo così うまくて, cioè "è buono e...". L'aggettivo seguente è 大好きで. Si tratta di 大好き な DAI-SUKI NA: "che si adora". Dato che è un *aggettivo in -na*, per coniugarlo alla **FORMA IN -て** si toglie il な e si mette で (*la forma in -て di* だ DA, *il verbo essere*)!
Otteniamo così うまくて大好きで = "è buono e lo adoro e...", ma dato che anche 大好きな è coniugato alla forma in -て, la fase continua ancora... E allora *andiamo avanti!*
Infatti abbiamo 天国だと思う . 天国 significa "paradiso", e il verbo della frase è 思う, ovvero "pensare". Siccome **ciò che si pensa va marcato con la particella と**, la frase è 天国だと 思う, letteralmente: PENSO "É IL PARADISOOO!". Avete notato quel だ? Avevamo detto che rende l'affermazione molto forte e convinta, giusto? Infatti quando si PENSA (思う) qualcosa, lo si fa in maniera convinta... Per questo motivo, *tra nomi/aggettivi in -na* e と思う ci vuole だ (escludendo quando il "pensiero" finisce con gli *aggettivi in* い, che non vogliono MAI だ - pagina 89)!

*Si **taglia** spesso は per evitare l'effetto "Questo ramen, e non gli altri..."*

大丈夫だ
と
思う
Penso che sia tutto ok

おいしいと
思う
Penso che sia buono

E la guida risponde うん , un "sì" molto sciolto. Poi continua con でも、覚えてる？ .
La parola でも vuol dire "però", mentre 覚えてる è in realtà il verbo 覚える OBOERU, ovvero "ricordarsi". Coniugandolo alla **FORMA -て いる**, si esprime *"ricordare in questo momento"*, quindi letteralmente *"star ricordando"*. Per la grammatica giapponese, *"ricordare"* è una cosa che **si sta facendo adesso**, quindi *"ti ricordi?"* in giapponese si dice **"ti stai ricordando? (覚えて いる?)**.
Ah, fateci caso: la forma *corretta* è 覚えている, ma nel parlato quella い spesso scompare!
Prosegue con それね , con la particella enfatica ね che crea una piccola pausa, della serie "quello lì, eh...". E infine ラーメンじゃなくて... , ovvero "non è ramen, e...". Per coniugare verbi e aggettivi NEGATIVI alla **forma in -て**, si toglie la い di ない e si mette くて: abbiamo quindi il verbo essere じゃない che diventa じゃなくて (*non è ramen, e.../non è ramen, ma...*").

覚えている
Mi ricordo
覚えない
Non mi ricordo

知っている
Lo so
知らない
Non lo so

E così il turista esclama 忘れてた! , forma in -ている del verbo 忘れる WASURERU **(dimenticarsi)**. Se 忘れている significa *"star dimenticando"*, quindi "adesso sono nella condizione di aver dimenticato", coniugando いる al *passato* otterremo 忘れていた, *"ero nella condizione di aver dimenticato... ma adesso non lo sono più, perché mi sono ricordato!"*. **Notate che anche questa volta è sparita la い di いた!** Poi continua con うどんっていうね . Il verbo è いう (dire), che si scriverebbe 言う quando è trattato come il **VERO** verbo *"dire"*, ma qui assume più che altro il significato di **"chiamarsi"**, ovvero うどんっていう = chiamarsi "udon". Aggiungendo il ね finale che *"ammorbidisce"*, sta dicendo "Si chiamano Udon, eh!". E infine 許して〜! . Si tratta del verbo 許す YURUSU (perdonare), coniugato alla forma in -て perché è una richiesta!

って è la contrazio-ne di と

大 GRANDE おおきい/ダイ　　好 CHE PIACE すきな/コウ　　天 CIELO テン　　国 PAESE くに/こく　　思 PENSARE おもう/シ　　覚 RICORDARE おぼえる/カク　　忘 DIMENTICARE わすれる/ボウ　　許 PERDONARE ゆるす/キョ

知る = sapere perché l'ho sentito o studiato
分かる = capire perché ci sono arrivato

練習
ESERCIZI

Non ci credo...
Ce l'ho
fattaaaaaaa!

1 Qual è la **FORMA in -て** di:
書く、見る、思う、青い、近い、大切な、静かな、だ？

2 Quali sono i 3 usi principali della **FORMA IN -て**?

3 Esiste una FORMA IN -て **negativa**? Se sì, come si crea?

5 Prova a **tradurre** in giapponese queste frasi!

HO FATTO UNA DOCCIA, HO FATTO **LA SPESA** E HO LETTO UN LIBRO

買い物
か　もの

QUEL LIBRO GRANDE **E** ROSSO CHE COS'È?

LUI NON È IN STAZIONE **MA STA GUARDANDO** UN DVD A CASA

EHI, **DIMMI** QUALCOSA!

NON VENIRE QUI, PER FAVORE!

LE SOLUZUONI SONO A PAGINA **148**!

ありがとう！
またね〜！

Quanto costa
andare
in Giappone?

SPECIALE
VIAGGIO A TOKYO
東京旅行

Tokyo è una città **fantastica** e incredibile per
i turisti. Un **senso di sicurezza** e tranquillità
unico al mondo, un casino "ordinato" anche
negli orari di punta, **parchi immensi e curati**,
<u>mezzi pubblici efficientissimi</u> e puntuali, una
scelta di ristoranti e negozi pressoché infinita...
Tokyo è questo e molto altro ancora.
Scopriamo insieme 6 dei
suoi quartieri principali! **Buon viaggio!**

池袋 IKEBUKURO

Vale la pena di visitare la sua parte **EST** (東 *HIGASHI*), mi raccomando! Quella **OVEST** (西 *NISHI*) è un po' monotona... **IKEBUKURO** è un grazioso quartiere alberato, ricco non solo di divertimenti (cinema, sale giochi, centri commerciali...), ma è anche un luogo *otaku*, che si rivolge più che altro a una **clientela femminile**. Si può dire che **IKEBUKURO** sia ormai diventato *avversario* del quartiere *otaku* per eccellenza: **AKIHABARA**!

Assolutamente da vedere a **IKEBUKURO** c'è il bellissimo centro commerciale **SUNSHINE CITY**, con dentro davvero di tutto: un Pokémon Center, un acquario, il J-World per gli appassionati di Naruto, Dragon Ball e Onepiece... e molto molto altro. Letteralmente da passarci delle giornate! Non perdetevi la strada **OTOME-ROAD**, dove potrete trovare molti *Maid Cafè* per ragazze, ovvero i *Butler Cafè*.

新宿 SHINJUKU

Molti chiamano **SHINJUKU** il *"centro"* di Tokyo, anche se geograficamente non è affatto così. Colorato, movimentato, pieno di locali e negozi nella sua parte **EST** (東) e dominato da grattacieli, banche e uffici nella sua parte **OVEST** (西)... Come non amare **SHINJUKU**?

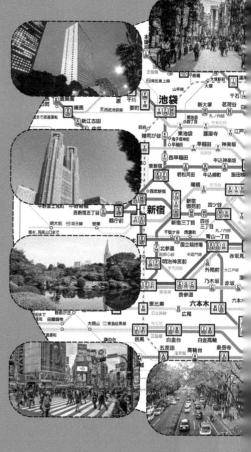

Nella parte **OVEST** si può salire al 45° piano del **PALAZZO COMUNALE** di Tokyo (都庁 TO-CHOU) per godersi gratuitamente una vista mozzafiato della città!

Nella parte **EST** invece è assolutamente imperdibile **KABUKI-CHOU**, la zona dei divertimenti e non solo! Poco più in là troviamo anche **GOLDEN-GAI**, una viuzza stretta stretta strapiena di piccolissimi locali dove i giapponesi si recano per fare due chiacchiere davanti a un bel bicchiere di birra...

C'è un gigantesco parco dove poter passare una giornata tra la natura e il relax, lo **SHINJUKU-GYOEN**, e se avete voglia di shopping selvaggio potrete fare un salto al negozio mega assortito **DON QUIXOTE** (24h) o il centro commerciale **TAKASHIMAYA** (a dir poco enorme).

渋谷 SHIBUYA

Un quartiere molto **giovanile**, dove gli amici si danno appuntamento davanti alla famosa statua del cane **HACHI-KOU** appena fuori dalla stazione. **SHIBUYA** è un posto vivo e movimentato, dove poter fare shopping sorseggiando un *frappuccino* di **Starbucks**, ammirando uno degli incroci pedonali più attraversati del mondo. Qui da non perdere abbiamo il centro commerciale per ragazze **SHIBUYA 109**, il palazzone **HIKARI-E** (*con dentro il Onepiece Shop*), il **TOKYO** **FOOD SHOW** e molto altro.

Dentro **SHIBUYA** si trova anche la zona di **HARAJUKU** (原宿), dove nascono tutte le mode più stravaganti. Qui si trova il **PARCO YOYOGI**, adatto per fare jogging e rilassarsi, con al suo interno il maestoso tempio **MEIJI-JINGU**, e fate un salto anche nella strada commerciale **TAKESHITA-DOURI** (famosa per le *crepes*) e la sua parallela **OMOTESAN-DOU**, la versione "di lusso" di TAKESHITA-DOURI!

上野 UENO

UENO è un quartiere molto tranquillo che ha però tanto da offrire! Qui c'è un vivacissimo **MERCATO** nella strada **AMEYA-YOKOCHOU** (アメヤ横丁) appena fuori dalla stazione, e a pochi passi si trova anche il meraviglioso **PARCO DI UENO** (上野公園 UENO-KOUEN), con al suo interno un **PARCO ZOOLOGICO**, tre laghetti su cui fare un giro in barca e persino vari **MUSEI** (e molto altro)! Imperdibile soprattutto in primavera, quando i **fiori di ciliegio** lo rendono ancora più suggestivo.

Da **UENO** si può raggiungere anche a piedi il tradizionale quartiere di **ASAKUSA** (浅草), un posto che attrae molti turisti grazie alla sua "atmosfera antica". Da non perdere la strada in vecchio stile **NAKAMISE-DOURI** (仲見世通り) che porta direttamente al famoso tempio buddista **SENSOU-JI** (浅草寺).

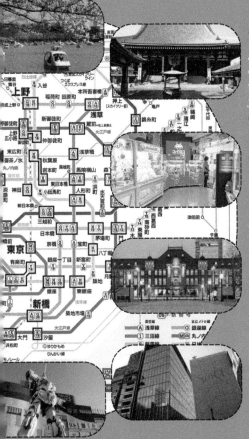

秋葉原 AKIHABARA

AKIHABARA è la famosissima mecca degli *otaku*, conosciuta anche come quartiere dell'elettronica per via dei suoi infiniti negozi di tecnologia, *manga, action-figure, anime*, e tanto altro, <u>sia nuovo che usato</u>. Per gli appassionati, da non perdere abbiamo il negozio di giochi *retrò* **SUPER-POTATO RETROGAMES** e la sala giochi **TAITO STATION**, dove provare a vincere bellissime action-figure!

Per le strade di **AKIHABARA** potrete incontrare molte ragazze vestite da cameriere che vi inviteranno nei <u>Maid Cafè</u>, delle particolari caffetterie dove sarete coccolati dalle *maid*... tutto veramente molto *kawaii*.

Non perdetevi il mastodontico centro commerciale **YODOBASHI AKIBA**, con reparti interi dedicati a ogni novità tecnologica, come videogames, smartphone, fotocamere, droni e persino... *washlet*!

AKIHABARA è molto vicina al quartiere **TOKYO MARUNO-UCHI**, il centro *geografico* della città. Vale la pena farci un salto per ammirare la stazione, che è davvero stupenda (al suo interno c'è **CHARACTER STREET**, una via tutta dedicata a negozi di personaggi di manga, anime ecc), ma oltre ai bellissimi giardini dell'imperatore, qui non c'è molto altro!

銀座 GINZA

A pochi passi da **TOKYO MARUNO-UCHI** c'è **GINZA**, un quartiere davvero <u>di lusso</u>, dove si trovano le grandi firme. Ma il bello di **GINZA** sta appunto nel passeggiare per le sue vie ammirando i lussuosi grattacieli! Da non perdere c'è il **SONY BUILDING**, un palazzo intero dedicato ai prodotti Sony.

Vicinissima a **GINZA** c'è la stazione di **SHIN-BASHI** (新橋), dalla quale si può raggiungere in pochi minuti l'isola artificiale di **O-DAIBA** (お台場) con un treno che si guida da solo, senza conducente!

O-DAIBA è un posto per rilassarsi, godersi il panorama della baia di Tokyo, ammirare il **GUNDAM** gigante e fare shopping nel centro commerciale **VENUS FORT**, una riproduzione dell'antica Roma (e molto altro)!

問題の解答

SOLUZIONI ALLE DOMANDE

Dai, che sbagliando si impara!

LEZIONE 1 *(pagina 12)*

1) Le vocali sono uguali a quelle italiane. L'eccezione è la U, che è molto chiusa

2) La S si pronuncia sempre come in **S**OTTO. Un esempio può essere SEN (mille)

3) In giapponese la **V** e la **L** non esistono e vengono rimpiazzate da B e R

4) In giapponese diventano **KAZO**, **CHERO**, **JOBE** e **MAGI**

5) WATASHI = io / ARIGATŌ = grazie / NIHON = Giappone

6) Ō e OU si pronunciano entrambi come una **O lunga** il doppio, e non hanno differenze

7) Il RŌMA-JI è semplicemente il giapponese trascritto con le nostre lettere latine

LEZIONE 2 *(pagina 20)*

1) No, lo HIRAGANA funziona a sillabe (vocale+consonante) e i suoi tratti sono morbidi

2) Le uniche lettere che possono andare da sole sono le **VOCALI** (a, i, u, e, o) e la **N**

3) In generale lo HIRAGANA serve a scrivere le parti grammaticali della frase

4) Per sonorizzare basta aggiungere **DUE TRATTINI** in alto a destra del simbolo
Il suono P invece si ottiene mettendo un PALLINO sui simboli della riga delle H (ha, hi...)

5) じ JI | め ME | ち CHI | ぺ PE | ぎ GI | りゃ RYA | にゅ NYU |
ちょ CHO | じゃ JA | ひゅ HYU |
みゅ MIYU | みう MIU | みゅ MYU | みゅう MYUU | ちょっぽきう CHOPPOKIU
せっとひょう SETTOHYOU | よろしくおねがいします YOROSHIKU ONEGAI SHIMASU

LEZIONE 3 *(pagina 28)*

1) Sì, il KATAKANA è molto diverso dallo HIRAGANA
e lo si può riconoscere perché è più "spigoloso"

2) Il KATAKANA è usato principalmente per scrivere
le parole straniere

3) Le DOPPIE si scrivono con un piccolo ツ **TSU** *(prima)* mentre
le LUNGHE si scrivono con un **TRATTINO** *(dopo)*

4)

LEZIONE 4 *(pagina 36)*

1) Gli IDEOGRAMMI (kanji) sono disegni stilizzati con un significato e due pronunce

2) I kanji servono per scrivere i NOMI e le RADICI di verbi e aggettivi

3) Perché il lettore potrebbe non conoscere il kanji o non ricordarsi come si legge

4) Si userà la lettura giapponese quando il KANJI è **da solo**, e la lettura di origine **cinese**
quando il KANJI è attaccato ad altri kanji. Per esempio, 山 **YAMA** = 富士山 FUJI**SAN**

5) 木 ALBERO き - モク | 人 PERSONA ひと - ジン | 山 MONTAGNA やま - サン |
水 ACQUA みず - スイ |

アンドレアです
*Il です è in più e
potrebbe **non**
esserci!*

LEZIONE 5 *(pagina 44)*

1) La cosa più naturale da dire potrebbe essere 久しぶり! HISASHIBURI! (da quanto tempo!)

2) Si userà おやすみなさい **OYASUMI NASAI** piuttosto che il semplice おやすみ **OYASUMI**

3) Si potrebbero usare rispettivamente じゃあね! JAA NE, バイバイ! BAI BAI oppure またね! MATA NE!, mentre con il capo sarà più educato usare 失礼します SHITSUREI SHIMASU

4) In questo caso si tradurrà per forza in "GRAZIE IN ANTICIPO!" o "GRAZIE MILLE!"

5) こんにちは! KONNICHIWA (buongiorno!)   お名前は? ONAMAE WA? (come ti chiami?)

はじめまして！アンドレアです！ HAJIMEMASHITE! ANDOREA DESU (Piacere, Andrea!)

よろしくお願いします YOROSHIKU ONEGAI SHIMASU (piacere!)

LEZIONE 6 *(pagina 52)*

1) Probabilmente userà お前 **OMAE** oppure 君 **KIMI**, ma il nome diretto sarà più naturale

2) Nessuno! Il modo più naturale per chiamare qualcuno con cui abbiamo confidenza è usare direttamente IL NOME della persona. Con i superiori si usa il **TITOLO** (come *sensei*)

3) "LUI" si dice 彼 KARE mentre "LEI" si dice 彼女 KANOJO

4) "NOI" si può dire 私たち WATASHI-TACHI | 我々 WARE-WARE | 僕たち BOKU-TACHI | 僕ら BOKU-RA | あたしたち ATASHI-TACHI | あたしら ATASHI-RA | 俺たち ORE-TACHI | 俺ら ORERA

5) (1) - 僕 BOKU   (2) - 俺 ORE   (3) - あたし ATASHI   (4) - 私 WATASHI

LEZIONE 7 *(pagina 60)*

1) I NOMI giapponesi non hanno né genere né numero: sono tutti "neutri"

2) Si scrivono in KANJI (ma se complessi, in hiragana), mentre quelli stranieri in KATAKANA

3) 本です **HON DESU** ("desu" crea formalità) e 本だ! **HON DA!**, che è informale e "forte"

4) 彼はイタリア人じゃない KARE WA ITARIA-JIN **JANAI** = lui **non** è italiano | ルイーザは彼女だった RUIIZA WA KANOJO **DATTA** = Luisa **era** la mia ragazza

5) CANI = 犬 inu   SUSHI = 寿司 sushi   MENÙ = メニュー menyuu
ITARIA = イタリア itaria   VINI = ワイン wain   PERSONA = 人 hito
OCCHIALI = メガネ megane   GATTO = 猫 neko   MELE = りんご ringo
CASA = 家 ie

LEZIONE 8 *(pagina 68)*

1) Le PARTICELLE vanno messe dopo l'elemento che marcano, come = 彼は KARE **WA**

2) La parola "IO" andrà marcata con la particella di TEMA は **WA**, perché voglio esprimere "per quanto riguarda IO". Mentre **"LA PORTA"** è il *complemento oggetto* della frase, perché risponde alla domanda **"CHE COSA?"**. Io apro... *che cosa?* = LA PORTA. Quindi avrà を **WO**.

3) La frase 僕はローマにパスタを食べる BOKU WA ROOMA NI PASUTA WO TABERU (io mangio la pasta a Roma) ha come errore la parte ローマに ROOMA NI (a Roma). Perché に NI si mette nei luoghi dove si svolge un verbo di esistenza *(esserci, vivere...)* ma in questo caso il verbo è 食べる **TABERU (mangiare)**, e quindi la versione corretta è ローマで **(DE)**.

4) Nella frase ダヴィデの本は<ruby>ある</ruby> DAVIDE NO HON <u>WA</u> **ARU** abbiamo la particella di
TEMA は **WA**, quindi (in italiano) l'elemento con WA lo metto all'inizio della frase e subito
dopo ci metto una <u>pausa</u>. La sfumatura che è "riguardo a..." oppure "parlando di...".
Ovvero, il significato è: ダヴィデの本は ある = "Riguardo il libro di Davide... c'è".
Invece nella frase ダヴィデの本が**ある!** DAVIDE NO HON <u>GA</u> **ARU!** abbiamo la particella
が **GA**, che marca colui che semplicemente "compie l'azione". Si usa nelle FRASI DI
NOTIZIA, ovvero mi accorgo che c'è il libro di Davide e lo dico: **"C'è il libro di Davide!"**

5) こんにちは！私 は めぐみ と 申します = Buongiorno! Io mi chiamo "Megumi".
東京 に 住んでいます = Abito a Tokyo
私 の 趣味 は = per quanto riguarda gli hobby di io *(i miei hobby)*
卓球 と バスケットボールです = (sono) ping-pong e basket
よろしくお願いします = Piacere di fare la vostra conoscenza

と *TO*
accompagna il "virgolettato"
MI CHIAMO "MEGUMI"

Ma significa anche E

LEZIONE 9 *(pagina 76)*

1) I VERBI vanno generalmente alla **fine** delle frasi. Per esempio 私は寿司を**食べる** =
WATASHI WA SUSHI WO **TABERU** (io il sushi **MANGIO**) =
Io **mangio** il sushi

2) 急ぐ ISOGU finisce con **GU** quindi può essere soltanto del 2°
GRUPPO. Invece する SURU è
uno dei due verbi IRREGOLARI (3° GRUPPO), mentre 渡る
WATA**RU**, dato che finisce con RU <u>non</u> si può sapere se fa
parte del 1° o del 2° gruppo se non lo si studia! *(fa parte del 2°)*

3) Per esempio, 私は東京に**行く** WATASHI WA TOUKYOU NI
IKU (Io a Tokyo **VADO**) = Io vado a Tokyo
私は大阪に**行かない** WATASHI WA OOSAKA NI **IKANAI**
(Io **non vado** a Osaka),
俺はローマに行った WATASHI WA ROOMA NI **ITTA** (*Io sono andato* a Roma) -irregolare!-
僕は京都に行かなかった BOKU WA KYOUTO NI **IKANAKATTA** (*Io non sono andato* a Kyoto)

4)

寝	た		行	
な		書		あ
い		く	れ	る
				い
し	な	か	っ	た

LEZIONE 10 *(pagina 84)*

1) Si usa il prefisso **SO** そ, come per esempio そこ **SOKO** (lì, vicino a te che ascolti)
2) Si dice **あそこ** ASOKO, e non "AKO" come verrebbe spontaneo
3) Perché それ **SORE** si usa <u>da solo</u>, mai insieme a un nome. **"QUEL** LIBRO" si dice その本
4) **1** = ここ *KOKO* | **2** = それ *SORE* | **3** = あちら *ACHIRA* | **4** = どこ? *DOKO?* | **5** = あそこ *ASOKO*

LEZIONE 11 *(pagina 92)*

1) Esistono gli aggettivi in -i (che finiscono tutti con la -i) e
gli aggettivi in -na (che finiscono tutti con il -na). *Per esempio:*
高い **TAKAI** (alto), 新しい **ATARASHII** (nuovo),
元気な **GENKINA** (in salute), 大切な **TAISETSU NA** (importante)

2) Perché gli aggettivi in -na mantengono il **-na** alla *forma affermativa*
se vengono appiccicati a un nome = 元気な人 *(persona in salute)*

3) Perché gli aggettivi in -i <u>non</u> possono essere *"rafforzati"* dal verbo
essere **だ DA** = 新しい！ (però gli aggettivi in -na possono!)

4)

あ	ん	ぜ	ん	な
あ	お			が
た	か	く	な	い
	っ		た	か
あ	た	た	か	い

新しいです OK! 新しいだ ✗

LEZIONE 12 *(pagina 100)*

1) La frase con il verbo "esserci" è la seconda, ovvero **"IL CANE MORTO È QUI"**, che è sostituibile da **"IL CANE MORTO <u>ESISTE/SI TROVA</u> QUI"**.

2) È sbagliata perché la parola 車 KURUMA significa *"macchina/automobile"*, ed è quindi un oggetto **INANIMATO** (che vuole il verbo ARU). La frase giusta è *"LORENZO **NON HA LA** MACCHINA"* = ロレンツォは車がない RORENTSO WA KURUMA GA NAI (e non <u>*INAI*</u>).

3) I verbi di ESISTENZA (come IRU e ARU) vogliono sempre la particella に NI nei luoghi. Quindi *"(Esserci)* <u>A</u> **MILANO"** si dice ミラノに MIRANO <u>NI</u>.

4) La frase **"LUI NON È MAI ANDATO A MILANO"** si dice 彼はミラノに行ったことが**ない** KARE WA MIRANO NI ITTA KOTO GA **NAI**.

Qui entra in gioco la questione dei cerchi... (Abbiamo il cerchio del tema "LUI" con al suo interno l'esperienza *"essere andato a Milano"* che compie l'azione di "non esserci"). Mentre nella frase **"LUI A MILANO NON CI È MAI ANDATO"**, nel cerchio del tema *"LUI"* abbiamo un secondo tema *(a Milano)*, cioè <u>un secondo WA</u>! Quindi diventa 彼はミラノには 行ったことがない KARE WA MIRANO NI <u>WA</u> ITTA KOTO GA **NAI**, ovvero "Lui, a Milano **non ci è mai andato** *(ma in altre città sì)*"!

5)

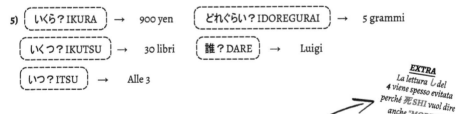

IL CANE **NON C'ERA**	いなかった	L'ESPERIENZA **C'È**	ある
IL LIBRO **C'ERA**	あった	I RAGAZZI **NON CI SONO**	いない
IO **C'ERO**	いた	L'IDEA **NON C'È**	ない
I MESSAGGI **CI SONO**	ある	I CANGURI **NON C'ERANO**	いなかった

LEZIONE 13 *(pagina 108)*

1) No, assolutamente! Gli INTERROGATIVI giapponesi restano **sempre uguali**

2) No, è sbagliata.
Dopo un INTERROGATIVO <u>non</u> può mai andare la particella は **WA**, perché è assolutamente senza senso la frase **"Per quanto riguarda...** *questo interrogativo"*
Per esprimere "CHE COSA FAI?" si userà la particella di complemento oggetto を **WO**! Ovvero: 何を見る？ **NANI WO** MIRU? = **"COSA** GUARDI?"

3) La frase "QUESTO LIBRO A CHI LO DAI?" si traduce この本は 誰にあげる？ KONO HON WA **DARE NI** AGERU? , dove la cosa interessante è 誰に **DARE NI**, ovvero **"A CHI"**

4) La frase *(assurda)* なぜか、誰かがどこかに行った NAZEKA, DAREKA GA DOKOKA NI ITTA significa "PER QUALCHE MOTIVO, QUALCUNO È ANDATO DA QUALCHE PARTE". なぜか = "per qualche motivo", 誰か = "qualcuno" どこか = "da qualche parte"

5)

いくら？ IKURA	→	900 yen
どれぐらい？ IDOREGURAI	→	5 grammi
いくつ？ IKUTSU	→	30 libri
誰？ DARE	→	Luigi
いつ？ ITSU	→	Alle 3

EXTRA
La lettura し del 4 viene spesso evitata perché 死 SHI vuol dire anche "MORTE"!

LEZIONE 14 *(pagina 116)*

1) I numeri con due pronunce solo il 4 (**よん** oppure **し**) e il 7 (**なな** oppure **しち**)

2) Significano: **500 YEN, 45 ANNI** di età, l'**ANNO 2015**, 8 cose piccole e 1 *QUALCOSA*

*Il NUMERO+ CONTATORE va dopo la **particella**!* ←

3) Si traducono: にぎり<u>を</u>５つください e テーブル<u>は</u>２つある

いつ（5） ふた（2）

4)

²二	万			²千	³五
百		⁴三	百	九	十
		千		百	
⁵八	千	六	百	四	十
百		十		十	
⁶七	万	五	千	一	

LEZIONE 15 *(pagina 124)*

1) Le **particelle di fine frase** servono a esprimere una certa "emozione" nella frase. Non sono obbligatorie, ma <u>sono enfatiche</u>. Si mettono **dopo** i verbi, alla fine di tutto

2) Nel linguaggio <u>FORMALE</u> si usano le particelle **か KA** (che esprime la domanda), **ね NE** (che corrisponde a "vero?"), **よ YO** (esclamazione), **わ WA** (escl. femm.) e **し SHI** (e poi)

3) Sono tutte e tre particelle esclamative *(esprimono un punto esclamativo)* ma **よ YO** è la più usata e naturale, **わ WA** è femminile ma usata spesso negli anime, e la stessa cosa vale per **ぞ ZO** *(ma è molto maschile)*.

4) La frase **これは簡単よ KORE WA KANTAN YO** (questo è facile!) è corretta, ma non essendo presente il verbo essere **だ DA** dopo l'aggettivo in -na **簡単な** *(facile)*, risulta più femminile. Usando **だ = これは簡単だよ** *(questo è facile!)* è sempre corretta, ma più <u>maschile</u>

5) ① - **な NA**　② - **ぜ ZE**　③ - **わ WA**　④ - **さ SA**

LEZIONE 16 *(pagina 132)*

1) 2:30 → **二時半** *ni-ji han*. 11:20 di sera → **夜の十一時二十分** *yoru no juuichi-ji nijuu-ppun*

2) Il giorno **2** del mese, il giorno **9** del mese, il giorno **20** del mese, il giorno **24** del mese

3) 土曜日と木曜日は 天気はどう？ *do-youbi to moku-youbi wa tenki wa dou* (**と = E**).
水曜日にローマに行く *suiyoubi ni rooma ni iku* (i giorni e gli orari vogliono sempre **に NI** come particella, anche se si tratta di un'azione. Mai usare **で DE** !)

4) 2018年10月10日 = il 10 novembre 2018. 19時40分 = le ore 19:40.
1982年8月25日 = il 25 agosto 1982. 4時1分 = le ore 04:01. 1570年7月8日 = l'8 luglio 1570

LEZIONE 17 *(pagina 140)*

1) 書いて KAI-**TE** (scrivere), 見て MI-**TE** (guardare), 思って OMOT-**TE** (pensare),
青くて AO-**KUTE** (blu), 近くて CHIKA-**KUTE** (vicino)
大切で TAISETSU-**DE** (importante), 静かで SHIZUKA-**DE** (tranquillo), で **DE** (essere)

2) La FORMA IN -て si usa per:
-COLLEGARE DUE FRASI (Sono andato al supermercato <u>e</u> ho visto un film)
-ESPRIMERE IL GERUNDIO (**Sto facendo** da mangiare *in questo momento*)
-FARE RICHIESTE (**Vieni** qui, per favore!)

3) La FORMA IN -て negativa esiste, e si crea togliendo la い di qualsiasi **ない** (quindi di **verbi** e **aggettivi**) e mettendo くて. Per esempio, 食べ**なくて** (non mangia <u>e</u>...) oppure 高くな**くて** (non è alto <u>e</u>...), oppure 元気じゃな**くて** (non sta bene <u>e</u>...). Per i **verbi** *(tranne じゃない)* esiste anche l'alternativa ないで, ma ha più la sfumatura di "NON FACENDO...".

4) シャワーを**浴びて**、買い物を**して**、本を読んだ *shawaa wo* **abite** *kaimono wo* **shite** *hon wo yonda*
あの**大きくて**赤い本は何？ *ano* **ookikute** *akai hon wa nani*
彼は駅に**いなくて**、家でDVDを**見ている** *kare wa eki ni* **inakute** *ie de di vi di wo* **miteiru**
ね、何か**言って**よ！ *ne nanika* **itte** *yo*
ここに**来ないで**ください！ *koko ni* **konaide** *kudasai*

やった〜 EVVAIII!

ORIGINE DEI KANJI

私 IO

男 UOMO

女 DONNA

水 ACQUA

言 DIRE

車 MACCHINA

電 ELETTRICITÀ

道 STRADA

生 NASCERE

開 APRIRE

新 NUOVO

名 NOME

持 AVERE

買 COMPRARE

前 DAVANTI

友 AMICO

高 ALTO

魚 PESCE

入 ENTRARE

火 FUOCO

Ehilà! Ecco un bel VOCABOLARIO con tutte le **parole** apparse nel libro! Che pacchia!

辞書
VOCABOLARIO

PAROLA	SCRITTURA	SIGNIFICATO	FUNZIONE	PAGINA

A

PAROLA	SCRITTURA	SIGNIFICATO	FUNZIONE	PAGINA
Abi-ru	浴びる	farsi la doccia	verbo 1°	135
Abuna-i	危ない	pericoloso	aggettivo -i	90
Acchi	あっち	da quella parte	nome	80
Achira	あちら	da quella parte	nome	80
Age-ru	あげる	dare	verbo 1°	63
Aisatsu	挨拶	saluto	nome	37
Ajia	アジア	Asia	nome	63
Ake-ru	開ける	aprire	verbo 1°	81
Aki	秋	autunno	nome	135
Akumei	悪名	cattiva reputazione	nome	101
Ame	雨	pioggia	nome	55
Anata	あなた	tu	pronome personale	48
Anata-gata	あなたがた	voi	pronome personale	49
Anata-tachi	あなたたち	voi	pronome personale	49
Ano	あの	quel...	aggettivo dimostrativo	58
Ano	あの	ehm	intercalare	114
Anta	あんた	tu	pronome personale	48
Anta-ra	あなたら	voi	pronome personale	49
Anta-tachi	あんたたち	voi	pronome personale	49
Anzen-na	安全な	sicuro	aggettivo -na	86
Ao-i	青い	blu	aggettivo -i	82
Are	あれ	quello	pronome dimostrativo	79
Arigatou	ありがとう	grazie	esclamazione	9
A-ru	ある	esserci	verbo 2°	94
Asa	朝	mattina	nome	126
Asa-gohan	朝ご飯	colazione	nome	135
Ashi	足	piede/gamba	nome	104
Ashita	明日	domani	nome	63
Aso-bu	遊ぶ	giocare	verbo 1°	71
Asoko	あそこ	laggiù	nome	80
Atama	頭	testa	nome	97

Atarashi-i	新しい	nuovo	aggettivo -i	41
Atashi	あたし	io	pronome personale	47
Atashi-ra	あたしら	noi	pronome personale	49
Atashi-tachi	あたしたち	noi	pronome personale	49
Atataka-i	暖かい	caldo (un oggetto)	aggettivo -i	87
Atsu-i	暑い	caldo (il tempo)	aggettivo -i	129

B

Baibai	バイバイ	ciao ciao!	esclamazione	39
Baibai	売買	compravendita	nome	117
Baiku	バイク	moto	nome	64
Baka-na	バカな	stupido	aggettivo -na	9
Banana	バナナ	banana	nome	56
Bataa	バター	burro	nome	25
Bengo-shi	弁護士	avvocato	nome	111
Benkyou	勉強	studio	nome	74
Benkyou suru	勉強する	studiare	verbo in suru	74
Biiru	ビール	birra	nome	63
Boku	僕	io	pronome personale	47
Boku-ra	僕ら	noi	pronome personale	49
Boku-tachi	僕たち	noi	pronome personale	49
Boroonya	ボローニャ	Bologna	nome	26
Byou-in	病院	ospedale	nome	135

C

Chairo-i	茶色い	marrone	aggettivo i	120
Chiisa-i	小さい	piccolo	aggettivo -i	87
Chiizu	チーズ	formaggio	nome	90
Chichi	父	papà	nome	10
Chika-i	近い	vicino	aggettivo -i	136
Chikara	力	forza	nome	33
Chika-tetsu	地下鉄	metropolitana	nome	135
Chiketto	チケット	biglietto	nome	66
Chizu	地図	mappa	nome	119
Chotto	ちょっと	un po'	avverbio	17
Chuugoku	中国	Cina	nome	64

D

Da	だ	essere (presente)	verbo	57
Dai-gaku	大学	università	nome	135
Daijoubu-na	大丈夫な	che va bene/che è ok	aggettivo -na	114
Dake	だけ	solo/soltanto	avverbio	26

Dame-na	ダメな	che non va bene	aggettivo -na	73
Dansei	男性	uomo	nome	21
Datta	だった	essere (passato)	verbo	57
Dare	誰	chi?	interrogativo	48
Dare-ka	誰か	qualcuno	pronome	105
Daremo	誰も	nessuno	pronome	105
De	で	in/con	particella	63
Densha	電車	treno	nome	56
Denwa	電話	telefono	nome	95
De-ru	出る	uscire	verbo 1°	135
Desu	です	---	copula formale	39
Docchi	どっち	da che parte?	interrogativo	80
Dochira	どちら	da che parte?	interrogativo	80
Doko	どこ	dove?	interrogativo	26
Doko-ka	どこか	da qualche parte	avverbio	105
Doko-mo	どこも	da nessuna parte	avverbio	105
Dono	どの	quale...?	interrogativo	79
Donogurai	どのぐらい	quanto?	interrogativo	102
Dore	どれ	quale?	interrogativo	79
Doregurai	どれぐらい	quanto?	interrogativo	102
Dore-ka	どれか	qualcuno	pronome	105
Doremo	どれも	nessuno	pronome	105
Doru	ドル	dollaro	nome	111
Dou	どう	come?	interrogativo	39
Doubutsu	動物	animale	nome	58
Doumo	どうも	salve!/grazie!	esclamazione	42
Doushite	どうして	perché?	interrogativo	103
Douzo	どうぞ	prego!/avanti!	esclamazione	81
Do-youbi	土曜日	sabato	nome	129

E

E	へ	verso...	particella	64
Eabaggu	エアバッグ	Airbag	nome	56
Edinbara	エディンバラ	Edimburgo	nome	26
Eiga	映画	film	nome	14
Eiga-kan	映画館	cinema	nome	135
Eki	駅	stazione	nome	96
En	円	yen	nome	71

F

Fan	ファン	fan	nome	24
Fun	分	minuto	contatore	127

Fugu	ふぐ	pesce palla	nome	9
Fuji-san	富士山	Monte Fuji	nome	7
Furansu-go	フランス語	lingua francese	nome	34
Furansu-jin	フランス人	persona francese	nome	50
Fu-ru	降る	cadere	verbo 2°	129
Furu-i	古い	vecchio	aggettivo -i	119
Futo-i	太い	grasso	aggettivo -i	32
Futsuu	普通	normalmente/di solito	avverbio	103
Fuusoku	風速	velocità del vento	nome	10
Fuyu	冬	inverno	nome	135

G

Gakkou	学校	scuola	nome	135
Gamba-ru	頑張る	mettercela tutta	verbo 2°	137
Geisha	芸者	geisha	nome	17
Geemu	ゲーム	gioco	nome	95
Gengo	言語	lingua parlata	nome	45
Genkin	現金	denaro contante	nome	114
Genki-na	元気な	sano/in salute	aggettivo -na	88
Gero	ゲロ	vomito	nome	8
Getsu-youbi	月曜日	lunedì	nome	129
Ginkou	銀行	banca	nome	95
Go	五	cinque	numero	110
Go-gatsu	五月	maggio	nome	128
Gogo	午後	pomeriggio	nome	126

H

Ha	歯	dente	nome	135
Hachi	八	otto	numero	110
Hachi-gatsu	八月	agosto	nome	128
Hai	はい	sì	esclamazione	10
Haiyuu	俳優	attore	nome	111
Hajimemashite	はじめまして	piacere!	esclamazione	40
Hako	箱	scatola	nome	95
Han	半	mezzo/metà	avverbio	127
Hana	花	fiore	nome	72
Hana	鼻	naso	nome	104
Hanami	花見	*hanami*	nome	64
Hana-su	話す	parlare	verbo 2°	34
Haru	春	primavera	nome	135
Heta-na	下手な	imbranato	aggettivo -na	88
Heya	部屋	stanza	nome	96

Hi	日	giorno/sole	nome	31
Hidari	左	sinistra	nome	121
Higashi	東	est	nome	121
Hiroba	広場	piazza	nome	98
Hira-ku	開く	aprirsi	verbo 2°	130
Hiro-i	広い	ampio/vasto	aggettivo -i	121
Hisashi-buri	久しぶり	da quanto tempo!	esclamazione	39
Hito	人	persona	nome	31
Hon	本	libro/origine	nome	32
Hontou na	本当な	reale/vero	aggettivo -na	120
Hoteru	ホテル	hotel	nome	96
Hyaku	百	cento	numero	112

I

Ichi	一	uno	numero	110
Ichi-ban	一番	il numero 1	ordinale	121
Ichi-gatsu	一月	gennaio	nome	128
Ichigo	苺	fragola	nome	95
Ie	家	casa	nome	32
Ieie	いえいえ	niente!/figurati!	esclamazione	81
Igirisu	イギリス	Inghilterra	nome	135
I-i	いい	bello	aggettivo -i	90
Ikaga	いかが	come? (formale)	interrogativo	107
Iku	行く	andare	verbo 2°	63
Ikura	いくら	quanti soldi?	interrogativo	102
Ikutsu	いくつ	quanti?	interrogativo	102
Indo	インド	India	nome	64
Ima	今	adesso	avverbio	127
Imi	意味	significato/senso	nome	97
Inu	犬	cane	nome	55
Iro	色	colore	nome	65
I-ru	いる	esserci	verbo 1°	94
Isha	医者	medico	nome	111
Isogashi-i	忙しい	impegnato	aggettivo-i	135
Iso-gu	急ぐ	sbrigarsi	verbo 2°	137
Ita-i	痛い	dolorante	aggettivo -i	64
Itaria	イタリア	Italia	nome	24
Itaria-jin	イタリア人	persona italiana	nome	50
Itsu	いつ	quando?	interrogativo	102
Itsuka	いつか	un giorno	avverbio	105
Itsumo	いつも	sempre	avverbio	105
I-u	言う	dire	verbo 2°	32
Iya-na	いやな	che non piace	aggettivo -na	58

J

Jaa	じゃあ	bene...	intercalare	39
Jaa ne	じゃあね	ciao ciao!	esclamazione	39
Janai	じゃない	essere (negativo)	verbo	57
Janakatta	じゃなかった	essere (negativo passato)	verbo	57
Jeraato	ジェラート	gelato	nome	24
Ji	時	ora	contatore	126
Jikan	時間	tempo	nome	135
Jisho	辞書	dizionario	nome	81
Jitensha	自転車	bicicletta	nome	82
Jidou-hanbaiki	自動販売機	distributore automatico	nome	55
Jiko-shoukai	自己紹介	presentazioni	nome	37
Joken	女権	diritto femminile	nome	29
Jouzu na	上手な	bravo	aggettivo -na	97
Joyuu	女優	attrice	nome	111
Juu	十	dieci	numero	110
Juu-gatsu	十月	ottobre	nome	128
Juuichi-gatsu	十一月	novembre	nome	128
Juuni-gatsu	十二月	dicembre	nome	128

K

Ka	か	*domanda*	particella enfatica	119
Kaado	カード	carta	nome	114
Kae-ru	帰る	tornare (a casa)	verbo 2°	71
Kaisha	会社	azienda	nome	104
Kagami	鏡	specchio	nome	59
Kaiten	開店	apertura del negozio	nome	85
Kaiten	回転	giravolta	nome	136
Ka-ku	書く	scrivere	verbo 2°	64
Kaku-su	隠す	nascondere	verbo 2°	106
Kana	かな	chissà?	particella enfatica	127
Kanji	漢字	ideogramma	nome	30
Kanojo	彼女	lei	pronome personale	49
Kanojo-ra	彼女ら	loro (femmine)	pronome personale	49
Kanojo-tachi	彼女たち	loro (femmine)	pronome personale	49
Kantan-na	簡単な	facile	aggettivo -na	119
Kapuseru	カプセル	capsula	nome	104
Kara	から	da...	particella	64
Kare	彼	lui	pronome personale	49
Kare-ra	彼ら	loro (maschi)	pronome personale	49
Kashu	歌手	cantante	nome	111
Katakana	カタカナ	katakana	nome	22
Ka-u	買う	comprare	verbo 2°	71

Ka-youbi	火曜日	martedì	nome	129
Kedo	けど	ma/però	congiunzione	50
Keeki	ケーキ	torta	nome	63
Keikan	警官	poliziotto	nome	111
Kekkon	結婚	matrimonio	nome	135
Kekkon suru	結婚する	sposarsi	verbo -suru	135
Kendou	剣道	Kendo	nome	69
Kiiro-i	黄色い	giallo	aggettivo -i	120
Ki	気	energia vitale	nome	137
Kiken-na	危険な	pericoloso	aggettivo -na	137
Ki-ku	聞く	sentire/chiedere	verbo 2°	41
Kimi	君	tu	pronome personale	48
Kimi-ra	君ら	voi	pronome personale	49
Kimi-tachi	君たち	voi	pronome personale	49
Kin-youbi	金曜日	venerdì	nome	129
Kirai-na	嫌いな	odiato	aggettivo -na	90
Kirei-na	きれいな	bello	aggettivo -na	88
Kita	北	nord	nome	121
Ko	子	bambino	nome	64
Ko	個	cosa piccola	contatore	114
Koara	コアラ	koala	nome	58
Kocchi	こっち	da questa parte	nome	80
Kochira	こちら	da questa parte	nome	80
Koko	ここ	qui	nome	64
Komento	コメント	commento	nome	64
Konban	今晩	stasera	nome	38
Konbanwa	こんばんは	buonasera!	esclamazione	38
Konna ni	こんなに	così	avverbio	104
Konnichi	今日	oggi (formale)	avverbio	38
Konnichiwa	こんにちは	buongiorno!	esclamazione	38
Kono	この	questo...	aggettivo dimostrativo	79
Konpyuutaa	コンピューター	computer	nome	56
Koohii	コーヒー	caffè	nome	27
Kore	これ	questo	pronome dimostrativo	79
Koto	事	cosa (astratta)	nome	98
Kotoba	言葉	parola	nome	97
Kotoshi	今年	quest'anno	nome	130
Kouen	公園	giardino/parco	nome	135
Kuchi	口	bocca	nome	104
Kudasai	ください	per favore	esclamazione	113
Ku-gatsu	九月	settembre	nome	128
Kumori	曇り	nuvoloso	nome	129
Kuni	国	stato/nazione	nome	63

Kura-i	暗い	scuro/buio	aggettivo -i	137
Kuro-i	黒い	nero	aggettivo -i	103
Ku-ru	来る	venire	verbo 3°	71
Kuruma	車	macchina	nome	47
Kusa-i	臭い	puzzolente	aggettivo -i	199
Kyou	今日	oggi	nome	18
Kyouryuu	恐竜	dinosauro	nome	17
Kyouto	京都	Kyoto	nome	63
Kyuu	九	nove	numero	110

M

Machi	街	città	nome	88
Mada	まだ	ancora/non ancora	avverbio	122
Made	まで	fino a...	particella	65
Man	万	10 mila	numero	112
Manga	漫画	fumetto	nome	16
Masuku	マスク	mascherina	nome	25
Mata	また	di nuovo	avverbio	39
Mata ne	またね	a presto!	esclamazione	39
Ma-tsu	待つ	aspettare	verbo 2°	137
Mazu-i	不味い	schifoso	aggettivo -i	87
Me	目	occhio	nome	31
Mecha	めちゃ	molto/tanto	avverbio	121
Megane	メガネ	occhiali	nome	58
Menyuu	メニュー	menù	nome	56
Meron	メロン	melone	nome	137
Metaru	メタル	metal	nome	70
Michi	道	strada	nome	65
Midori	緑	verde	nome	120
Miga-ku	磨く	lucidare	verbo 2°	135
Mimi	耳	orecchio	nome	104
Mi-ru	見る	vedere/guardare	verbo 1°	55
Mise	店	negozio	nome	103
Mizu	水	acqua	nome	31
Mo	も	anche...	particella	63
Mochi-kaeri	持ち帰り	takeaway	nome	109
Moku-youbi	木曜日	giovedì	nome	129
Momo	桃	pesca	nome	114
Mono	物	cosa	nome	59
Mo-tsu	持つ	avere	verbo 2°	105
Mou	もう	già/più	avverbio	95
Mou-su	申す	chiamarsi/dire	verbo 2°	42
Musuko	息子	figlio (maschio)	nome	97

N

Na	名	nome	nome	96
Na	な	vero?	particella enfatica	119
Naka	中	dentro/in mezzo	nome	66
Na-ku	泣く	piangere	verbo 2°	137
Naga-i	長い	lungo	aggettivo -i	121
Nana	七	sette	numero	110
Namae	名前	nome	nome	40
Nande	なんで	perché?	interrogativo	102
Nani	何	che cosa?	interrogativo	63
Nani-ka	何か	qualcosa	pronome	105
Nani-mo	何も	niente	pronome	105
Nashi	梨	pera giapponese	nome	32
Natsu	夏	estate	nome	135
Nattou	納豆	nattou	nome	104
Naze	なぜ	perché?	interrogativo	103
Naze-ka	なぜか	per qualche motivo	avverbio	105
Ne	ね	ehi!/oh!	esclamazione	58
Ne	ね	vero?	particella enfatica	119
Neko	猫	gatto	nome	32
Nen	年	anno	contatore	111
Ne-ru	寝る	dormire	verbo 1°	71
Ni	に	in/a	particella	63
Ni	二	due	numero	110
Nichi-youbi	日曜日	domenica	nome	129
Ni-gatsu	二月	febbraio	nome	128
Nigiri	握り/にぎり	nigiri (sushi)	nome	41
Nihon	日本	Giappone	nome	8
Nihon-go	日本語	lingua giapponese	nome	16
Nihon-jin	日本人	persona giapponese	nome	49
Nihon-shu	日本酒	sakè	nome	79
Niku	肉	carne	nome	136
Nishi	西	ovest	nome	64
No	の	di...	particella	63
No	の	*domanda intensa*	particella enfatica	119
No-mu	飲む	bere	verbo 2°	55
No-ru	乗る	salire (a bordo)	verbo 2°	135

O

Oba-san	おばさん	signora	nome	88
Oboe-ru	覚える	ricordare	verbo 1°	71
O-cha	お茶	tè verde	nome	136
Ochi-ru	落ちる	cadere	verbo 1°	71

Ohayou	おはよう	buongiorno!	esclamazione	37
Oishi-i	美味しい	buono	aggettivo -i	90
Oji-san	おじさん	signore	nome	88
Okaa-san	お母さん	mamma	nome	49
Okonomi-yaki	お好み焼き	okonomiyaki	nome	137
Omae	お前	tu	pronome personale	48
Omae-ra	お前ら	voi	pronome personale	49
Omae-tachi	お前たち	voi	pronome personale	49
Omoshiro-i	面白い	interessante	aggettivo -i	87
Omo-u	思う	pensare	verbo 2°	70
O-naka	お腹	pancia	nome	104
O-negai	お願い	preghiera/richiesta	nome	4
Onna-no-ko	女の子	bambina	nome	64
Ooki-i	大きい	grande	aggettivo -i	86
Oosaka	大阪	Osaka	nome	66
Ore	俺	io	pronome personale	47
Ore-ra	俺ら	noi	pronome personale	49
Ore-tachi	俺たち	noi	pronome personale	49
O-shiri	お尻	sedere	nome	104
Otoko	男	maschio	nome	14
Otou-san	お父さん	papà	nome	10
Oyasumi	おやすみ	buonanotte!	esclamazione	37

P

Paati	パーティ	festa	nome	24
Pari	パリ	Parigi	nome	26
Piiman	ピーマン	peperone	nome	137
Pinku	ピンク	rosa	nome	120
Poketto	ポケット	tasca	nome	66

R

Raamen	ラーメン	ramen	nome	7
Resutoran	レストラン	ristorante	nome	121
Ringo	りんご	mela	nome	55
Rei	零	zero	numero	111
Rokku	ロック	rock	nome	70
Roku	六	sei	numero	110
Roku-gatsu	六月	giugno	nome	128
Rondon	ロンドン	Londra	nome	26
Rooma	ローマ	Roma	nome	24
Rooma-ji	ローマ字	lettere latine	nome	9
Ryokou	旅行	viaggio	nome	122
Ryokou suru	旅行する	viaggiare	verbo -suru	122

Ryouri-nin	料理人	cuoco	nome	11

S

Sa	さ	sai...	particella enfatica	119
Sai	際/才	anni di età	contatore	111
Saikin	最近	ultimamente	nome	39
Samu-i	寒い	freddo (tempo)	aggettivo -i	129
San	三	tre	numero	110
San-gatsu	三月	marzo	nome	128
Sanpo	散歩	passeggiata	nome	104
Sanpo suru	散歩する	passeggiare	verbo -suru	104
Sara	皿	piatto	nome	32
Saru	猿	scimmia	nome	58
Sen	千	mille	numero	7
Sensei	先生	maestro	nome	18
Sen-shuu	先週	la settimana scorsa	nome	129
Senzen	戦前	anteguerra	nome	125
Shashin	写真	fotografia	nome	135
Shawaa	シャワー	doccia	nome	135
Shi	四	quattro	numero	110
Shibutsu	私物	bene privato	nome	13
Shichi	七	sette	numero	110
Shichi-gatsu	七月	luglio	nome	128
Shi-gatsu	四月	aprile	nome	128
Shigoto	仕事	lavoro	nome	104
Shigoto suru	仕事する	lavorare	verbo -suru	104
Shima	島	isola	nome	8
Shinbun	新聞	giornale	nome	41
Shingetsu	新月	luna nuova	nome	93
Shinsetsu-na	親切な	gentile	aggettivo -i	88
Shi-nu	死ぬ	morire	verbo 2°	71
Shin-you	信用	fiducia	nome	120
Shin-you suru	信用する	fidarsi	verbo -suru	120
Shippo	尻尾	cosa	nome	17
Shiro-i	白い	bianco	aggettivo -i	120
Shi-ru	知る	sapere	verbo 2°	136
Shita	下	giù/sotto	nome	121
Shitsurei	失礼	scortesia	nome	39
Shefu	シェフ	chef	nome	24
Shumi	趣味	hobby	nome	67
Shusshin	出身	origine	nome	105
Soba	側	a fianco	nome	95
Socchi	そっち	da quella parte	nome	80

Sochira	そちら	da quella parte	nome	80
Suki-na	好きな	amato	aggettivo -na	90
Soko	そこ	lì	nome	80
Sono	その	quel...	aggettivo dimostrativo	79
Sore	それ	quello	pronome dimostrativo	79
Sou	そう	così	avverbio	58
Sugo-i	すごい	fighissimo	aggettivo -i	120
Suiatsu	水圧	pressione dell'acqua	nome	37
Suika	スイカ	anguria	nome	137
Sui-mongaku	水文学	idrologia	nome	33
Suisha	水車	mulino ad acqua	nome	53
Sui-youbi	水曜日	mercoledì	nome	129
Sumaho	スマホ	smartphone	nome	113
Sumimasen	すみません	mi scusi!	esclamazione	88
Su-mu	住む	abitare	verbo 2°	63
Supein	スペイン	Spagna	nome	64
Supein-jin	スペイン人	persona spagnola	nome	50
Su-ru	する	fare	verbo 3°	71
Sushi	寿司	sushi	nome	58

T

Tabemono	食べ物	cibo	nome	103
Tabe-ru	食べる	mangiare	verbo 1°	31
Taisetsu-na	大切な	importante	aggettivo -i	88
Taka-i	高い	alto/caro	aggettivo -i	87
Takkyuu	卓球	ping-pong	nome	67
Takusan	たくさん	tanto/tanti	avverbio	105
Takushii	タクシー	taxi	nome	56
Tama-negi	玉ねぎ	cipolla	nome	137
Tanoshi-i	楽しい	divertente	aggettivo -i	122
Tatemono	建物	edificio	nome	98
Ta-tsu	立つ	alzarsi	verbo 2°	136
Tawaa	タワー	torre	nome	103
Te	手	mano	nome	65
Teiden	停電	blackout	nome	61
Teishoku	定食	menù fisso	nome	103
Tekisuto	テキスト	libro di testo	nome	111
Tengoku	天国	paradiso	nome	138
Ten-in	店員	commesso	nome	110
Tenisu	テニス	tennis	nome	97
Tenki	天気	tempo atmosferico	nome	129
Terebi	テレビ	televisione	nome	55
To	と	e.../" "/con	particella	64

Tokoro de	ところで	a proposito	congiunzione	106
Tomo-dachi	友達	amico	nome	135
Too-i	遠い	lontano	aggettivo -i	64
Toji-ru	閉じる	chiudere	verbo 1°	71
Toku ni	特に	specialmente	avverbio	122
Toka	とか	tipo.../eccetera	intercalare	26
Tomato	トマト	pomodoro	nome	137
To-ru	取る	prendere	verbo 2°	135
To-ru	撮る	scattare una foto	verbo 2°	135
Totemo	とても	molto	avverbio	121
Tsuke-ru	付ける	accendere	verbo 1°	136
Tsuki	月	luna	nome	31
Tsuku-ru	作る	costruire/fare	verbo 2°	71
Tsumeta-i	冷たい	freddo	aggettivo -i	87
Tsutsumi	包み	pacchetto	nome	120

U

Ude	腕	braccio	nome	104
Ue	上	sopra/su	nome	95
Ugo-ku	動く	muoversi	verbo 2°	59
Uka-ru	受かる	superare un esame	verbo 2°	74
Uma	馬	cavallo	nome	98
Uma-i	美味い	buono	aggettivo -i	86
Umare-ru	生まれる	nascere	verbo 1°	72
Umi	海	mare	nome	97
Ureshi-i	嬉しい	felice/contento	aggettivo -i	34
Ushiro	後ろ	dietro	nome	95
Uta	歌	canzone	nome	6
Un	うん	sì	esclamazione	73
Uumu	うーむ	uhm	esclamazione	58
Uun	ううん	no	esclamazione	73

V

Venetsia	ヴェネツィア	Venezia	nome	26

W

Wa	は	riguardo a...	particella	50
Wa	わ	*esclamazione*	particella enfatica	119
Wain	ワイン	vino	nome	55
Waka-ru	分かる	capire	verbo 2°	71
Ware-ware	我々	noi	pronome personale	49
Waru-i	悪い	cattivo/scusa!	aggettivo -i/esclamazione	88
Wasure-ru	忘れる	dimenticarsi	verbo 1°	137

Watashi	私	io	pronome personale	8
Watashi-tachi	私たち	noi	pronome personale	49
Wo	を	*complemento oggetto*	particella	63

Y

Ya	や	e	congiunzione	121
Yama	山	montagna	nome	30
Yappari	やっぱり	come pensavo!	esclamazione	74
Ya-ru	やる	fare	verbo 2°	63
Yasu-i	安い	economico	aggettivo -i	87
Yasu-mu	休む	riposare	verbo 2°	38
Yo	よ	ehilà!	esclamazione	39
Yo	よ	*esclamazione*	particella enfatica	119
Youkoso	ようこそ	benvenuto!	esclamazione	64
Yo-mu	読む	leggere	verbo 2°	55
Yon	四	quattro	numero	110
Yooroppa	ヨーロッパ	Europa	nome	122
Yoroshiku	よろしく	bene	avverbio	41
Yoru	夜	sera	nome	126
Yubi	指	dito	nome	64
Yuru-su	許す	perdonare/permettere	verbo 2°	138
Yuujou	友情	amicizia	nome	133
Yuumei-na	有名な	famoso	aggettivo -na	88
Yuuro	ユーロ	euro	nome	111

Z

Zankoku-na	残酷な	crudele	aggettivo -na	8
Ze	ぜ	*esclamazione*	particella enfatica	120
Zenbu	全部	tutto	nome	121
Zero	ゼロ	zero	numero	111
Zo	ぞ	*esclamazione*	particella enfatica	120

つづく

Un assaggio del prossimo libro!

LA FORMA IN ～MASU

Tutti i **VERBI** che abbiamo visto in questo libro erano coniugati nella cosiddetta *"FORMA BASE"*, ovvero la forma che si usa nel linguaggio <u>informale</u> *(tra amici e parenti)*.

Ricordate che abbiamo detto che per rendere **FORMALE** una frase basta aggiungere la parolina です DESU? Per esempio, 猫は黒い (IL GATTO È NERO) diventa 猫は黒いです (IL GATTO È NERO), oppure これは日本酒 (QUESTO È SAKÈ) che diventa これは日本酒です (QUESTO È SAKÈ). Se il です DESU c'è o non c'è, grammaticalmente non cambia nulla! È in più.

Ma ora, aspettate... Avevamo detto che succede anche se la frase FINISCE con i **VERBI**, vero? Per esempio, la frase informale 学校で 勉強した (HO STUDIATO A SCUOLA) la userò con una persona intima, mentre 学校で勉強した です (HO STUDIATO A SCUOLA) lo dirò a una persona con cui ho poca confidenza oppure con cui voglio mantenere le distanze. Ottimo.

Ecco, questa costruzione VERBO + です in realtà **non** è propriamente *correttissima*, anche se tra i giovani viene accettata. La verità è che per creare una frase **FORMALE** (che finisce con un verbo) corretta, bisogna *abbellire* <u>direttamente il VERBO</u>, senza usare です. Stiamo parlando della famosa **FORMA IN ～ます** (nella quale tutti i verbi termineranno con <u>MASU</u>). Si forma così:

VERBI 1° GRUPPO — tolgo る e metto ます   (dormire: NE<u>RU</u> → NE<u>MASU</u>)

VERBI 2° GRUPPO — tolgo ultima U e metto います   (capire: WAKA<u>RU</u> → WAKA<u>RI</u>MASU)

⚠ VERBI IRREGOLARI — fare: する →します   venire: 来る → 来ます

Avremo quindi verbi *addobbati* con questa forma per rendere **FORMALI** le frasi <u>che finiscono con un VERBO</u> (quelle che finiscono in AGGETTIVI o NOMI avranno です). Per fare un esempio:

何を食べますか？　　　　寿司です
COSA **MANGI?**　　　　　IL SUSHI

Ovviamente ます MASU è per la forma AFFERMATIVA, quindi andrà **sostituito** con:

- ません MASEN per quella <u>NEGATIVA</u>
- ました MASHITA per quella PASSATA
- ませんでした MASENDESHITA per quella NEGATIVA-PASSATA

Vedremo tutto questo (e molto altro) nel **prossimo libro!**

Ora potete capire il **住んでいます** SUNDE IMASU di **pagina 68**! Il verbo "all'infinito" è 住む SUMU *(abitare)*. Il coniugo in -ている *(sto abitando)* e questo いる lo rendo nella FORMA IN -ます per la formalità!

HO CAPITO!
WAKA**TTA** informale
WAKA**TTA-DESU** formale (slang)
WAKARI**MASHITA** formale (corretta)

RINGRAZIAMENTI

Anzitutto ringrazio la mia compagna **DEBORA**. Senza il suo supporto, i suoi consigli e la sua bravura a creare e disegnare *Maccha-chan*, questo libro non sarebbe mai stato il prodotto che avete ora in mano. Quindi grazie!

Poi ringrazio la mia amica **NEGI** (*www.neghidaku.com*), che finalmente ha realizzato il suo sogno di vivere in Italia. A titolo completamente gratuito si è prestata a controllare tutte le parti in giapponese, contribuendo in maniera significativa alla realizzazione di questo libro. Quindi ありがとうー！

Infine, ma non per ultimo, ovviamente voglio ringraziare **VOI** tutti. Voi che avete letto questo libro, voi che guardate tutti i giorni i video sul canale di **TI VA DI GIAPPARE?**, voi che mi supportate, commentate, mi fate domande e mi riempite di complimenti. Per me è un onore e un immenso piacere potervi insegnare una lingua così *diversa* dalla nostra. Grazie davvero!

Spero con tutto il cuore che stia funzionando il mio intento di farvi strada tra gli ostacoli del giapponese in modo divertente, chiaro e intrigante. Se anche solo uno di voi ha trovato utile il mio operato, beh... non ci sarebbe gratificazione migliore. Ma, cari lettori, **il cammino da percorrere è ancora lungo!** Io sono qui apposta per indicarvi la strada giusta, però. Quindi non demordete! Ci sentiamo nei commenti sotto i video di TI VA DI GIAPPARE?, in attesa del **2° libro!**
心から感謝します！

Davide Moscato

Vi aspetto su www.tivadigiappare.com per una lezione privata con me!

Grazieee!

Lightning Source UK Ltd.
Milton Keynes UK
UKHW021310110521
383477UK00007B/333